仏教経典散策

中村 元＝編著

角川文庫
20812

はしがき

仏教の経典は厖大《ぼうだい》なものであり、どれを読んだらよいのか、あるいはエッセンスはどの部分であるのか、などという質問をよく受けるので、それに対して答える試みが、この書である。

厳粛に身を正して読むべき経典の中を〈散策〉するとは、いささか不謹慎な響きを与えるかもしれないが、散策はもともと初期の仏教の修行者の楽しんでいたものであった。「散策」「そぞろ歩き」のことを、パーリ語ではチャンカマ、またはチャンカマナといい、精舎《しょうじゃ》（僧院）の林の中を行きつ戻りつして静かに瞑想《めいそう》したのである。後にはその行きつ戻りつする歩道のことをチャンカマ、またはチャンカマナというようになった。漢訳仏典ではこれを「經行」と訳し、禅宗では「きんひん」と読み、坐禅《ざぜん》の間で同じ姿を続けている疲れをいやすために行う。

それと同じ趣旨で、読者が日常の心の疲れをいやすために、この書のどこかを読まれたならば、何か心に得るところがあるであろうと期待する。またこの書全篇を通読されたならば、日本で読まれている主要な経典についての全般的な知識を得られるであろう。

日本で古来読誦《どくじゅ》される主要な諸経典は、ひと通り取り上げたが、さらに大正・昭和年代になって、南アジアの原典から訳出されて人々が感銘を受けるようになった諸経典をも紹介するように努めた。

わたくしはこの書の一部分を執筆したにとどまるが、全体の企画を立てたのみならず、この書で取り上げた経典のかなりの部分を先年来すでに現代語に訳出して刊行しておいたし、諸執筆者がそれを利用しながらさらに適切な解説を述べて生き生きとしたものにしたので、わたくしの「編」というのは決して名のみのものではないし、またわたくし一人で全部書くよりも、若い研究者の人々がそれぞれ本領を発揮してはるかに多彩なものになったと、ひそかに自負している。しかし不適切なところがあれば改めて考え直して、一層良いものにしたいと願っている。

本書の作成にあたっては、東京書籍株式会社の宮坂正房、山本正夫、寺嶋誠の三氏に大層お手数をかけたことを記して、感謝の意を表したい。

昭和五十四年四月五日

中村　元

単行本としての再刊に際して

早いもので東書選書の一冊として『仏教語源散策』を刊行してから、ちょうど二十年になる。この間、諸方面からの要望に応《こた》える形で刊行した「散策」シリーズは計八冊を数える。おかげ様でどれも好評をもって迎えられてきた。

このたび、東京書籍からお話があって、そのうちの五冊（『仏教語源散策』『続仏教語源散策』『新仏教語源散策』『仏教経典散策』『仏像散策』）を新装単行本として刊行することになった。

執筆した当時の新進学者たちは現在、みな一流の学者となって活躍しているが、今、読み直してみても書かれている中身は全く古くなることはない。今回の再刊にあたっても、一、二の誤りを直した以外は手を加えることはしなかった。

気軽に読んでもらえる仏教入門書として、新しい読者や若い方々と出会える新たなスタートとなることをよろこんでいる。

平成十年六月　　中村　元

仏教経典散策

目次

経典について

お経

仏教の経典は普通は「お経」と呼ばれているが、それはもとは釈尊《しゃくそん》（シャーキャムニ、またはゴータマ・ブッダ）がだいたい、だれかに説いたことがらを、弟子たちがずっと聞き伝えてきて後の人がそれを最初は短くまとめたものである。ときには仏弟子の説いたことを、聞いた人がまとめて後世に伝えている場合もある。

「経」とは、たて糸という意味で、中国でいう経（けい）に相当する。後世になると、そのようなものがたくさん集められて、大きな経典となり、大乗仏教になると、釈尊の説いた教えの精神をあらわすという趣旨で、大きな経典をつくった。ことに大乗経典は後代の人々のつくったものであるから、偽作ということになりはしないか、という問題があるが、大乗経典の作者たちは、これらの経典に説かれていることは正しい真理であるから、釈尊が説いたにちがいないという確信を持っていたのである。

それでは、お経を読むようになったのはいつごろからであろうか、ということが問題となるが、経典が確定して尊ばれるようになると、やがて、読誦《どくじゅ》するということがなされる。そして、今日まで続いてきたのである。

仏教でも最初のうちは、ただ短い経典を暗誦していただけであるが、経典の書写が行われるようになると、文字に書かれた経典を読誦するようになった。大乗仏教が興起したころになると、経典を書き写す〈書写の功徳〉ということが盛んに勧められるようになった。これは仏教ばかりではなく、ヒンドゥー教のプラーナ聖典においても強調されるようになる。大乗仏教では書写の功徳ということが非常に強調されたので、その習わしがわが日本にもずっと及んで来た。四天王寺《してんのうじ》に伝わっている扇面古写経は、『法華経《ほけきょう》』並びに『法華三部経』の文句を扇に描いたもので、美しい絵がある。平安時代になると、世はもう末世だ、この先どうなるかわからない、せめて書写の功徳を積んで仏さまのお慈悲にあずかりたいという気持ちが貴族の間に起こって、このような扇面写経のようなものができたのである。

経典にはいろいろの内容のものがあるが、昔から日本で読誦されたものは特に大乗経典である。

仏典のことば

仏教には発達の歴史がある。すなわち「仏教史」がある。時代の経過とともに多くの聖典がつくられ、多数の分派が起こるようになった。後代の教義学者たちは、多くの仏典の中から適宜自分に都合のよいもの、自分の共鳴するものを選択して利用するということも起こった。そうなると、ある宗派の教義や思想が歴史的人物としての釈尊の教えとかけ離れたものとなるということも可能であった。しかしそれでもなおそれらは「仏教」という名のうちに含められたし、またそれで差し支えないのである。ある思想が歴史的人物としての釈尊の思想とかけ離れているということは実際に起こった。しかし仏教は「生きた真理（ダルマ）」を実践する宗教であるから、開祖と違ったことを説いてもなお〈仏教〉と称し得るのである。時代的・風土的・社会的環境ないし諸条件の変化のためにこのような相違が起きたのであるが、仏教徒は、そのような相違をさほど問題としなかった。

後世に多数の分派が起こったが、最も大きな区分は、小乗仏教と大乗仏教とである。一言でいうならば、小乗仏教は保守的、大乗仏教は自由主義的といえよう。

一般には仏教は一つの宗教であると解せられ、ヨーロッパ諸語では Buddhism, Buddhismus, Bouddhisme というような名称で呼ばれている。これについては、仏教徒内部から異論が出ている。仏教は -ism ではない。教条を固守することに反対してきたからである。ただ便宜上一つの宗教であるという理解にのっとることにしよう。

仏教は西紀前五世紀ころにインドに出現し、西紀十一世紀までインドに残存していたが、他方アジアの諸国にあまねくひろがり、大きな影響を及ぼした。

釈尊は仏教という特別の宗教を説く意識はなかった。彼は古来の真の宗教者（バラモン・シラマナ）、真の修行者（聖仙《しょうせん》）の道を明らかにするのだ、と表明していた。彼にあっては「仏教」というものはなかった。ただ人間として生きる真実の道をめざしていたのである。

おそらく釈尊自身に由来するのではないか、と思われる古い詩や古い定型句には特別の仏教用語というものは現れていない。当時の諸宗教と共通のことばを用いて教えを説いていたのである。

ところが時代の経過とともに教義の体系が成立し、独自の難解な用語を用いるようになった。それが漢訳されると、ますます難しいものとなったのである。こういうものが成立するためには歴史的・社会的・風土的な事情があったのであるが、現代においてそれらの用語を必要とするかどうかは、また別の問題である。

原始仏教の聖典

仏教の興起した時代にすでに文字は存在し、特に商人の間で用いられていたらしい。しかし釈尊は文字を書き残さなかった。口で説いて、人々がそれを記憶して後世に伝えていた。ここに後代の人々の見解や解釈のしのび込む危険性があった（マニ教の開祖マニは仏教やキリスト教のこの点を非難し、だから自分は教えを書き記すのだ、と明言していた）。

釈尊の弟子たちがインド全般およびアジア諸国へ教えを弘《ひろ》めるにつれて多数の聖典《せいてん》がつくられた。

原始仏教の聖典として現在残存しているものは、パーリ語の聖典と、これに相当する漢訳諸経典（『阿含経《あごんきょう》』など）および少数のサンスクリット聖典の断片とがある。釈尊自身はおそらく中インドのマガダ語の一種で説法したと考えられる。マガダというのは、今日のビハル州のあたりである。専門学者のうちには、このあたりに行われていた言語を「古代東部インド語」と呼んでいる。それが後に幾多の変遷を受けて、パーリ語、ガンダーラ語、サンスクリット語などの諸言語で記されるようになったのである。

それらは釈尊のことばを記載し、僧団の規定を述べ、後代の有能な教義学者たちが教説を組織的に分類整理したものである。しかしこのような形にまとめられたのは、原始教団が分裂して若干の派が成立したあとのことであって、それぞれの派（部派ともいう）ごとに聖典を編纂《へんさん》したのである。すべての派に共通の聖典というものは存在しない。ところでこれらの諸派の聖典はほとんどすべて散佚《さんいつ》してしまったが、ただ一つインドの言語で伝えられている聖典の集成は上座部（テーラヴァーダ、「長老の学派」の意）のものである。これはパーリ語という古代インドの一種の俗語（おそらくインドの西海岸の言語）で書かれているが、セイロン（スリランカ）、ビルマ（ミャンマー）、タイ、ラオス、カンボジアでは権威ある聖典として遵奉されている。この聖典集成は少なくとも部分的に西紀前三世紀に、仏教の伝道者たちがセイロンに伝えたものである。セイロンの『大いなる史書』（マハーヴァンサ）と呼ばれる書によると、釈尊が亡くなってから第六世紀に初めて文字に記されたという（それは西紀前二五年ごろと解する学者もいるが、異論もある）。セイロンを基点として聖典が東南アジア諸国に広がったのである。

仏典結集

上座部の伝承によると、上座部はその教えと実践の純粋さをたもつために大きな会議（結集《けつじゅう》）を六回開いたという。その主なものは、次の四つである。

第一回の会議は釈尊が亡くなってまもなくマガダ国の首都王舎城《おうしゃじょう》（ラージャグリハ）の周辺の七葉窟《しちようくつ》で行ったものであるが、五〇〇人の修行僧が集まって、釈尊の教えを、彼らの記憶にしたがって誦《とな》え、順序を整えて整理したという。

第二回の会議は、釈尊が亡くなってから一〇〇年経って、教義および実践の微細な点に関して教団が二つに分裂して、自由主義的進歩的な修行僧たちが大衆部《だいしゅぶ》（マハー・サーンギカ、「大集会派」の意）を形成したときに、上座長老たちが異端邪説から教えを守るために、当時の商業都市ヴァイシャーリーで開いた。このときから上座長老の系統を上座部と称する。

第三回の大会議は、アショーカ王の治世に開かれて、インド全般、セイロン、その他諸外国に教えを弘めるために、正統教義を伝える聖典を編纂したと伝えられている。

第四回の会議はセイロンで西紀前約二五年ころに開かれ、セイロンの『大いなる史書』によると、それ以前には聖典は口伝で伝えられていただけであったが、そのとき初めて文字に書き記されて書物となったという（ただし「結集」としては、普通第三回までをいう）。

他方クシャーナ王朝のカニシカ王（二世紀）の統治下に第四回の結集がなされたという伝説があり、また北方インドで栄えた仏教の諸派も、それぞれ聖典を編纂して伝えていたのであるが、それらの原典はたいてい散佚してしまった。サンスクリット原典の断片が中央アジアの遺跡から発見され、近年主としてドイツ、フランス、インドの学者によって整理刊行されている。またパーリ文の聖典に対応するかなりの数の聖典が漢訳およびチベット訳で伝えられている（それらの原典はサンスクリットで書かれていたと推定される）。

これらの聖典はパーリ文の聖典と比較してみると、かなり相違しているので、おそらく諸教団が地理的にも隔てられたところに成立し、口伝によって伝えてゆくうちにこのような相違が成立したのであろうと考えられる。聖典が最終的に文字に書き記されると、その相違は諸派の間の見解の相違または解釈の相違を反映したものとなった。

諸派の聖典集成は一般に三つの部類に区分されている。それを「三蔵」（パーリ語でティ・ピタカ、サンスクリット語でトリ・ピタカ）という。パーリ語の三蔵は次の三つより成る。

⑴律蔵（ヴィナヤ・ピタカ）。出家した修行者のための戒律の規定およびそれに関連する説明を述べている。男性の修行僧には二二七、女性の尼僧（比丘尼《びくに》）には三一一の戒律箇条をあてがっている。

（これに対する相当漢訳としては『五分律《ごぶんりつ》』『四分律《しぶんりつ》』『十誦律《じゅうじゅりつ》』『摩訶僧祇律《まかそうぎりつ》』『根本説《こんぽんせつ》一切有部律《いっさいうぶりつ》』などがある）。

⑵経蔵（スッタ・ピタカ）。釈尊および直弟子の教えを記したもので、次の五つの集成書より成る。

（下方にはそれらの相当漢訳を記す）

1長部（ディーガ・ニカーヤ）　『長阿含経《じょうあごんきょう》』
2中部（マッジマ・ニカーヤ）　『中阿含経《ちゅうあごんきょう》』
3相応部（サンユッタ・ニカーヤ）　『雑阿含経《ぞうあごんきょう》』
4増支部（アングッタラ・ニカーヤ）　『増壹阿含経《ぞういちあごんきょう》』
5小部（クッダカ・ニカーヤ）

最後のクッダカ・ニカーヤは十五の部分より成るが、そのうちには『スッタニパータ』（非常に古い教えを含む）、『ダンマパダ』（法句経《ほっくぎょう》、倫理的教訓の集成）、『ジャータカ』（釈尊の過去世物語）などを含む。

(3)論蔵（アビダンマ・ピタカ）。教義に関する論書の集成であり、経蔵や律蔵の中に現れる諸観念や諸術語を論議している諸々《もろもろ》の解説・註釈《ちゅうしゃく》・研究である。哲学的あるいは心理学的な性格のものである。

論蔵は後代の学者の労作であるということを明示しているが、経蔵や律蔵も後代の編纂になるものであり、必ずしも歴史的人物としての釈尊の教えを忠実に伝えているものではない。後代にかなり改変されている。

パーリ語で書かれたこれらの聖典のうちには古い層もあれば新しい層もあり、幾世紀にわたって逐次成立し拡大され、付加されたものである。第三の論蔵は第一の律蔵や第二の経蔵よりもはるかに後代につくられたものであるが、上座部が釈尊の教説を理解した仕方を示し、上座部の正統説が明示されている。

さらにこの三蔵以外にもパーリ語で多数の書物が著されたが、そのうちで特に有名なのは、ギリシャ思想と対決している『ミリンダ王の問い』である。

大乗経典

伝統的保守的仏教の聖典が比較的に相似た趣旨または性格のものとしてまとまっているのに対して、大乗仏教の聖典は多様多岐であり、しかも西紀一世紀から十世紀ころに至る非常に長い年月にわたってつくられたものである。「仏説」と称する伝統的保守的仏教の聖典で、パーリ語で伝えられた聖典はブッダゴーサ以前に、またそれに対応する漢訳経典や律蔵にもとづいたサンスクリット原本も四世紀には確定していたと考えられるが、大乗仏教は自由な思想表現をゆるしたために、仏説と称する経典の類《たぐい》がインドで次から次へと限りなくつくられ、また中国でも新たにつくられた（中国でつくられた経典類をしばしば「偽経《ぎきょう》」と呼ぶが、歴史的人物である釈尊が説いたものであるかどうかということになると、少なくとも大乗経典は全部「偽経」であるということになる）。伝統的保守的仏教の教義はあまり変化しなかったけれども、大乗仏教では経典ごとに思想がかなり異なっている。

伝統的保守的仏教の聖典（経典と戒律書）は歴史的人物としての釈尊（または仏弟子）が説いたという建て前になっている。ところが後代の大乗仏教の若干の経典では、超人的な永遠の存在である仏が、無数に多くの諸仏・諸菩薩《ぼさつ》・神々（諸天）・半神的存在（龍、ガンダルヴァ、キンナラなど）や教えを聞く忠実な弟子たち（声聞《しょうもん》）のいる会座《えざ》（会衆《えしゅ》）に向かって説いたということになっている。

重要な大乗経典は次のものである。

(1)般若《はんにゃ》経典

詳しくは『般若波羅蜜多経《はらみったきょう》』。まず最初に成立した経典であるらしい。あらゆる事物の空であること（一切皆空）を説き、六つの徳の完成（六波羅蜜《ろくはらみつ》）、ことに智慧《ちえ》の完成（般若波羅蜜）をめざす。般若経典は多数伝えられているが、『金剛般若経』はインド・中国・朝鮮・日本にわたって特に影響の大きかったものである。また『般若心経』は般若思想の精髄を簡潔に述べているものとして中国・日本の諸宗派で重んぜられている。同種類の諸経典の集成として『大般若波羅蜜多経』六〇〇巻が成立した。なおこの『大般若波羅蜜多経』の一部分である「般若理趣分」に相当するもの（不空《ふくう》の訳）が、『般若理趣経』という独立の経典として伝えられているが、内容は密教的色彩が強く、わが国の真言宗では特に重んぜられ、読誦されている。

(2)『維摩経《ゆいまぎょう》』

維摩（ヴィマラキールティの音写。浄名《じょうみょう》、無垢称《むくしょう》と訳す）という世俗の長者（富豪）が在家のままで仏道を実践すべきことを教える。これは従前の出家中心の仏教に対する反抗である。

(3)『法華経《ほけきょう》』

サンスクリット原典とチベット訳が残存し、漢訳には三本あるが、特にクマーラジーヴァ(鳩摩羅什《くまらじゅう》)の訳した『妙法蓮華経《みょうほうれんげきょう》』が中国・日本では古来最も重んぜられている。その題名は「白蓮華にたとえられる妙《たえ》なる教法」という意味で、前半(迹門《しゃくもん》)では仏教のうちのいかなる実践法を行っている者でもすべて仏の慈悲に救われ、人格の完成に達するよすがであるということを説き、後半(本門《ほんもん》)では永遠にして完全な(久遠実成《くおんじつじょう》の)仏の本体を明かす。この『法華経』の第二十五品(第二十五章)が『観音経』として一般に広く読誦されている。

(4)『華厳経《けごんぎょう》』

宇宙における一切の事象は互いに依存し融通して成立しているのであり、真理の世界においては何らの隔てがないということを説く。自利行と利他行との円満相即をめざす菩薩行の実践や、部分的に説かれている唯心説はよく知られている。

(5)浄土三部経

『大無量寿経』と『観無量寿経』と『阿弥陀経《あみだきょう》』とをいう。無量寿仏《むりょうじゅぶつ》(阿弥陀仏《あみだぶつ》、アミターバ、アミターユス）を信ずることによって西方十万億土のかなたにある極楽浄土に救われることを説く。『大無量寿経』と『阿弥陀経』はサンスクリットの原文も残存し、チベット訳も漢訳もそろっているが、『観無量寿経』は漢訳があるだけであり、そのほかにこの経典のウイグル語訳らしきものが発見されている。

三部経のうちで特に重要なのは『無量寿経』である。『大無量寿経』ともいい、現在漢訳では五つ伝えられているが、そのうちでは魏《ぎ》の康僧鎧《こうそうがい》が西紀二五二年に訳した『無量寿経』一巻が最も有名であり、わが国ではもっぱらこれを用いている。サンスクリット原典の写本は主としてネパールに残っていて、その題号をスカーヴァティー・ヴューハといい、「極楽の荘厳《しょうごん》」「極楽の美しいすがた」という意味である。このサンスクリット原典がまとめられたのは、おそらく西紀一世紀から二世紀のころにインドのどこかで、おそらく西北インドでつくられたのであろう。漢訳の『無量寿経』という題名は無量寿仏すなわち阿弥陀仏をたたえた経典という意味である。

(6)『大宝積経《だいほうしゃくきょう》』

「宝石の積みかさね」という題名のごとく、大乗仏教の種々の問題を論じた四十九章より成る。

この集成書のうちに含まれている『勝鬘経《しょうまんぎょう》』は国王の夫人が教えを説くのであり、

在家仏教の立場に立っている。

(7)『金光明経』

空の理、仏身論、利他行、その他種々の教えを述べる。この経のうちに述べられている国王論、流水長者の放生の物語は、後代に特に有名となった。

(8)『楞伽経《りょうがきょう》』

仏がランカー(セイロン)島に行って種々の教えを説いたということになっているが、特に一切の事象はただ心の現れにほかならぬという唯心の説を述べる。この経典は中国・日本の禅宗で特に重んぜられた。

(9)『大乗荘厳宝王経』

観世音《かんぜおん》菩薩の慈悲を説く密教的色彩の強い経典である。

密教

原始仏教教団においては、世俗の呪術《じゆじゆつ》密法を行うことを厳禁した。しかし大乗仏教は部分的にそれを取り入れ、大乗経典の中には多数の陀羅尼《だらに》が説かれている。西紀四世紀ころからは呪法《じゆほう》だけを説く独立の経典が作成されるようになった(『孔雀王呪経《くじやくおうじゆきよう》』

二巻、『護諸童子陀羅尼経《ごしょどうじだらにきょう》』など）。この呪句《じゅく》を真言（マントラ）という（「マントラ」とは、もとバラモン教のほうでヴェーダの祭儀に用いられた呪句のことである）。真言陀羅尼《しんごんだらに》を誦持《じゅじ》し、それによって心を統一し、諸尊を供養することが強調されると同時に、これをいかに念誦《ねんじゅ》し、いかに供養すべきかを規定する方軌も次第に発達した。方形または円形の土壇を築いて、諸尊をここに安置し祭供を行った（護摩壇の作り方はヴェーダの祭祀法《さいし》を受けている）。その壇を曼荼羅《まんだら》（マンダラ）というが、後には大日如来《だいにちにょらい》を中心に諸尊を配置した図画を曼荼羅というようになった。諸尊について多数の印契《いんげい》が説かれた。印契（ムドラー、印相）とは、仏・菩薩・諸天の内証・本誓を教示する外相、時に手指の印をいう。このような密呪《みっしゅ》の修行が『華厳経』の哲学に結びつき、その基礎の上に建設された組織的な宗教体系が秘密仏教（密教）である。その開祖は龍猛《りゅうみょう》（ナーガールジュナ、六〇〇年ころ、龍樹《りゅうじゅ》とは別人）であるといわれる。『大日経《だいにちきょう》』（七世紀の中葉に西南インドで成立）の説く曼荼羅を胎蔵界曼荼羅《たいぞうかいまんだら》と称し、『金剛頂経《こんごうちょうきょう》』（七世紀末に東南インドで成立）の説く曼荼羅を金剛界曼荼羅《こんごうかいまんだら》と称する。密教はパーラ王朝（約七五〇―一一九九年ころ）の統治下において特に盛んであった。

密教においては根本の仏を大日如来（大毘盧遮那仏《だいびるしゃなぶつ》）と呼ぶ。従来の諸々の仏教は釈尊の説いたものであるが、密教は大日如来の所説である。従来の大乗仏教とは異なるという点で、自ら金剛乗《こんごうじょう》（ヴァジラヤーナ）と称する。秘密の教団であることを標榜《ひょうぼう》し、閉鎖的であり、特有の複雑な儀礼を発達させた。人は師（阿闍梨《あじゃり》）について教えを受けねばならない。秘儀にあずかる儀式を灌頂《かんじょう》（頭の頂きに水をそそぐこと）という。諸仏諸尊だけでなく、従来の仏教では説かなかった多数の明王《みょうおう》、仏教外の諸神・諸聖者《しょうじゃ》もやはり大日如来の現れであると解し、多くの民間信仰を摂取し、その趣意を直観的に表示するために、大曼荼羅を構成する。従来の大乗仏教のように六波羅蜜の実践に不断の努力をする必要はない。衆生は本来仏性《ぶっしょう》を具有しているのであるから、諸尊を念じ、陀羅尼を誦し、密教の特別な儀式にあずかることによって容易に究竟《くきょう》の境地に達し、仏となることができるという（即身成仏《そくしんじょうぶつ》）。したがって現世の幸福・快楽を承認する。人間の煩悩・情欲は克服・抑圧されるべきではなくて、尊重されるべきである。不純な愛欲を一切衆生に対する慈悲にまで高めればよいのである。

煩悩を肯定する思想は、当時の俗信に対する妥協とあいまって、卑猥《ひわい》な儀礼を導き入れる危険性があった。一部の密教徒は、男女の性的結合を絶対視するタントラの宗教の影響を受けてタントラ密教を成立させた。しかし密教はその儀礼の中に性的享楽を取り入れることによって、それ自体の解体の運命をたどることになったのである。

仏教の最後の段階においては世界原因としての原初仏（アーディ・ブッダ）の信仰

が現れた。そこにはヒンドゥー教の有神論的見解の影響が顕著である。この信仰はネパールおよびチベットに伝えられた。また同じくタントラ密教の変形としてサハジャ乗が現れた。「サハジャ」とは「生来」「生まれつき」という意味で、さとりは本来そなわっているものであるから、人間の性情を肯定することを説く。アパブランシャ語やベンガル語の著作を残し、謎のような表現を好む点に特色がある。詩集『ドーハーコーシャ』などはその一例である。このサハジャ乗では美しい娘に対する愛情が解脱への道であるなどと説く。後世のベンガル人に対する影響は著しい。イスラーム教の侵入後に時輪タントラが成立した（約一〇二七―一〇八七年ころ）。時輪タントラとは、時間は天文や暦法につながる大宇宙であり、輪は人間によって代表される小宇宙であるが、両者が互いに相入の姿を示すと説く教えである。イスラーム教がインドを席捲《せっけん》したので、それを撲滅するため仏教徒がヴィシュヌ、シヴァとの連合軍を形成するのだという。占相学的要素を多分に含み、メッカ（イスラーム教の聖地）に言及し、イスラーム紀元を用いている。一二〇三年に密教の根本道場であるヴィクラマシーラ寺院がイスラームの軍隊に破壊され、僧尼が諸所で殺戮《さつりく》された。それとともにインドで仏教は急激に衰滅してしまった。

八世紀前半にパドマサンバヴァがチベットに入ってラマ教を創《はじ》め、後にアティーシャ（九八二―一〇五四年）が六十歳でチベットに入り、チベットの密教を改革した。チベットの仏教は、ボン教など民間信仰を摂取して、やがて独自の特徴ある仏教を形成したので、西洋人はこれをラマ教と呼んでいる。いわゆるラマ教は今日ではチベット、蒙古《もうこ》、満州、中国北部、ロシアのブリアート蒙古人、ブータン、シキムなどに存続している。中央アジアの仏教はかなり遅くまで残っていたらしく、ウイグル語で一種の如来蔵思想を述べた書が伝えられている。

ネパールでは真言密教を中心とした大乗仏教がヒンドゥー教と並んで行われているが、僧侶《そうりょ》は結婚して、金剛師と呼ばれ、世人から尊敬されて、特殊な階級を構成してきた。

大蔵経

わが国では仏教経典の集成を『大蔵経』または『一切経』というが、この名称はインドにはない。『大蔵経』の中には、中国で作成されたらしい経典、例えば『父母恩《ぶもおん》重経《じゅうきょう》』のようなものが含まれている。『大蔵経』とか『一切経』という名称は、六朝《りくちょう》時代から隋《ずい》代にかけて成立したらしい。経典が中国で印刷刊行されてから、この名称がひろく用いられるようになった。印刷術はすでに古く、隋代から行われていたが、とになった。

北宋《ほくそう》になると、紙の使用と印刷術の進歩とがあいまって、『大蔵経』が刊行されるこ宋の太祖《たいそ》は九七一年（または九七二年）から張従信《ちょうじゅうしん》という者に命令して四川《しせん》省の成《せい》都《と》で版木を彫らせた。そして、一〇年以上かかって、九八三年、一三万枚の版木が完成した。これを「北宋版」の『大蔵経』、または宋本という。また成都の古名をとって「蜀版《しょくばん》」の『大蔵経』という。

これに刺戟《しげき》されて、一〇二〇年ころには高麗《こうらい》の初版本、一〇三一年には契丹《きったん》版が開板された。また金《きん》代（一一一五―一二三四年）にも『大蔵経』が開板されていた。元《げん》代には寺院で私版で、『漢訳大蔵経』の開板が行われ、これが「元版」の『大蔵経』である。明《みん》代には四回刊行されたが、第四回目の「万暦版」にもとづいて、日本で鉄《てつ》眼《げん》の『一切経』が刊行された。

高麗では第八代顕宗《けんそう》（一〇一〇―一〇三一年在位）の時から逐次印刷がなされた。それが蒙古の侵略によって兵火により焼失したので、高宗《こうそう》が再彫に着手し、一二五一年まで六、五二九巻の彫印を完成した。これが『高麗大蔵経』であり、その版木が現在の海印寺《かいいんじ》の経蔵に保存されている。この版は文字が正確であるので、日本の明治時代の『縮冊大蔵経』や大正年間の『大正新脩《しんしゅう》大蔵経』は、この高麗本を底本としている。

チベットでは十三世紀になって初めて『チベット大蔵経』が開板された。これをナルタン古版という。第七世ダライ・ラマのときナルタン新版の『大蔵経』が開板され、一七二九年ころデルゲ王によって『デルゲ版大蔵経』が開板された。また、チョーネ版、北京《ペキン》版（一六八三年—）、ラサ版などが開板された。

（中村 元）

〔付記〕 パーリ語やサンスクリット語の音写による表記のしかたは、学者によって多少異なるが、本書では編著者がいちおう統一をつけることにした。インド人が文字で表記するときと、実際に発音するときとでは、古代から現代に至るまで、若干のずれがある。y という半母音は二つに割れて発音されるから、rya は日本語では「リヤ」、hya は「ヒヤ」と記したほうが原発音に近いし、śya, ṣya は「シヤ」のほうが原発音に近い。j は「ジ」、ju は「ジュ」とした。

そのほかこういう手つづきによって、インドの原語が簡単に記され、読者にとって近づき易いものになったと思う。綴《つづ》りにこだわって発音を無視することはかえって非学術的である。

I　原始仏教の経典

スッタニパータ――最古の仏典

古い経典

仏教の書物は、はなはだ分量が多い。わが国で、現在よく利用されている『大正新脩大蔵経』八五巻を例にとると、これに収められている漢文の仏典は、巻数にして一一、九七〇巻あり、B5判三段組で、実に八万ページ以上にも及んでいる。これに収録されていない漢文の仏典は、まだたくさんあるし、パーリ語やチベット語の『大蔵経』も相当な量である。仏典というものが全部でどれくらいあるのか、まったく見当もつかない。

もちろん、こんなに大量の文献群が、突如としてこの世に現れたわけではない。長い年月の間に、次第に数量を増してきたのである。そうだとすれば、おのずと、新しいものも、古いものもあるはずなのであるが、では、いったいどの経典が歴史的に見て古く、どれが新しいのであるか、ということになってくると、簡単には答えがでてこないのである。

仏典に限らず、インドの典籍は、成立年代がはっきりしない。いや、文献ばかりではない。インドで起きたさまざまの歴史的事実が、茫漠《ぼうばく》たる霧の中にかすんでいるのである。

これは、普遍的なものを志向するインド人の思惟《しい》傾向が、個々の事象を普遍の中に埋没させ、歴史的な記述を拒否してしまったためなのである。史書なきインドについて研究しようとする近代の学者たちは、インド史の再構築に、大きな努力をはらわねばならぬこととなった。

経典の成立史についても、多くの学者が、その解明に心血を注いでいるが、ここに取り上げる『スッタニパータ』は、そのような研究の成果として、経典として最古の成立部分を含むものであることが、広く承認されているのである。

南方アジアの仏教国には、パーリ語で書かれた五部の経蔵が伝えられている。その第五の小部（クッダカ・ニカーヤ）のうち、第五番目が『スッタニパータ』である。その「スッタ」は「経」、「ニパータ」は「集成」で、「経集」という意味であるが、その内容は、長短いろいろな詩を集めた詩集である。

部分的に散文の説明文があり、全体が五章に分かれ、七十二経一一四九詩が収められている。一つの経の中の詩は、ほぼ内容的にまとまりをもっている。

〝お経〟と聞くだけで、なにやら古めかしいといった趣きがある上に、〝仏教最古の経典〟などというと、もはや古びていて、現代的な感覚にはとうてい合いそうもないという印象を受けやすい。しかし、実際には、驚くべき新しさをもって、現代の私たちに訴えかけてくるのである。

仏教特有の難解の術語は、『スッタニパータ』には見られないから、よけいな解説は不要のように思う。なるべく、詩そのものに語りかけてもらうことにしよう。

蛇の章

第一、蛇の章には、十二の経が収められているが、最初の「蛇」という名の経は、世俗のわずらわしさを離れる修行僧のあり方を、「あたかも蛇が旧《ふる》い皮を脱皮して捨てるようなものである」という反復句を含む十七の詩によって描き出している。

蛇の毒が（身体に）ひろがるのを薬で制するように、怒りが起ったのを制する修行者（比丘《びく》）は、この世とかの世とをともに捨てる。あたかも蛇が脱皮して旧い皮

を捨てるようなものである。（一）

内に怒ることなく、世の栄枯盛衰を超越した修行者は、この世とかの世とをともに捨てる。あたかも蛇が脱皮して旧い皮を捨てるようなものである。（六）

この世のあらゆるものに対する愛執を断ち切って、理想の境地をめざす彼ら修行僧は、まず第一に、孤独に打ち克《か》たねばならない。四十一詩より成る第三経は、「犀《さい》の角のようにただ独り歩め」と繰り返して、孤独な修行者を激励している。

子や妻に対する愛著《あいじゃく》は、あたかも枝の茂った竹が互いに相絡《あいから》むようなものである。筍《たけのこ》が他のものによりつくことのないように、犀の角のようにただ独り歩め。（三八）

妻子も父母も、財宝も穀物《こくもつ》も、親族やそのほかすべての欲望までも、すべて捨てて、犀の角のようにただ独り歩め。（六〇）

最高の目的を達成するために努力策励《さくれい》し、こころ怯《ひる》むことなく、行いに怠《おこた》ることなく、毅《つよ》い活動をなし、体力と智力とを具《そな》え、犀の角のようにただ独り歩め。（六八）

ひとびとは自分の利益のために交《まじ》わりを結び、また他人に奉仕する。今日、利益

をめざさない友は、得がたい。自分の利益のみを知る人間は、きたならしい。犀の角のようにただ独り歩め。（七五）

人里離れて修行する人々は、ともすると孤高、独善に陥りがちである。しかし、自らのみを清しとするのは、決して本当の姿とは言えないであろう。仏教思想を特徴づける慈悲の観念は、十詩より成る第八経に、素朴なことばで語られている。

何びとも他人を欺《あざむ》いてはならない。たといどこにあっても他人を軽んじてはならない。悩《なや》まそうとして怒りの想いをいだいて互いに他人に苦痛を与えることを望んではならない。（一四八）

あたかも、母が己《おの》が独《ひと》り子《ご》を身命を賭《と》しても護《まも》るように、そのように一切の生きとし生けるものどもに対しても、無量の（慈《いつく》しみの）こころを起すべし。（一四九）

生き物を傷つけたり殺したりすることは、慈悲の心に反する行為である。ただ、生き物を傷つけない、ということを厳格に守ろうとすると、生産活動に従事することが不可能になってしまう。なぜなら、土地を耕したり、草木を刈ったりすると、そこに住む生き物を害するおそれがあるからである。

だから、インドの仏教僧は、生産活動に従事しなかった。この立場は、額に汗して働くことを美徳とする人の眼には、非難さるべき態度として映じたであろう。第四経には、この間の事情が描かれている。

あるとき釈尊は、鉢をたずさえて、田を耕すバラモンのバーラドヴァージャのところへ赴いた。そのバラモンは、ちょうど食物を分配していたので、釈尊はその場に立った。バラモンは釈尊に「わたしは耕して種を播《ま》く。そのあとで食事するのだ。あなたも耕して播け。播いたあとで食え」と言う。釈尊は、「わたしも耕して播く。耕して播いたあとで食事するのだ」と答える。バラモンは、その言葉が理解できず、その意味を問う。そこで釈尊は、次のように答える。

「信仰は種子《たね》である。苦行は雨である。智慧《ちえ》はわが軛《くびき》と鋤《すき》とである。慚〔過失への反省〕は鋤棒である。意は縛る縄である。念《おも》いはわが鋤先と突棒とである。(七七)

身体をつつしみ、ことばをつつしみ、食物を節して過食しない。わたくしは真実を草刈りとしている。柔和《にゅうわ》がわたくしの軛を離すことである。(七八)

努力はわが駄牛であり、安穏《あんのん》の境地に運んでくれる。退《しりぞ》くことなく進み、そこに至ったならば憂《うれ》えることがない。(七九)

この耕作はこのようになされ、甘露《かんろ》の果報をもたらす。この耕作を行ったならば、あらゆる苦悩から解《と》き放たれる。（八〇）」

釈尊は、修行者の修道の努力が、精神的労働であると考えたのであった。この立場は、第二経にも現れている。第二経「ダニヤ」は、牛飼いの日常生活と、ブッダの精神生活とが、かけ合いの形で語られる美しい詩篇である。

牛飼いダニヤがいった、「蚊も虻《あぶ》も存せず、牛どもは沼地に茂《しげ》った草を食《は》んで歩み、雨が降って来ても、かれらは堪《た》え忍ぶであろう。神よ、もしも雨を降らそうと望むなら、雨を降らせよ。」（二〇）

師は答えた、「わが筏《いかだ》はすでに組まれて、よくつくられている。激流を克服《こくふく》して、すでに渡りおわり、彼岸《ひがん》に到着している。もはや筏の必要はない。神よ、もしも雨を降らそうと望むなら、雨を降らせよ。」（二一）

小なる章

第二、小なる章には、十四経が収められている。第二経「なまぐさ」は興味ぶかい。普通「なまぐさ」といえば、肉や魚などの食物を連想するのであるが、ここでは、

「なまぐさ」とは、肉食のことではないという。

この世において欲望を制することなく、美味を貪り、不浄の生活をまじえ、虚無論をいだき、不正の行いをなし、頑迷《がんめい》な人々、――これがなまぐさである。肉食はそうではない。（二四三）

粗暴・残酷《ざんこく》であって、陰口《かげぐち》を言い、富を裏切り、無慈悲で、極めて傲慢《ごうまん》であり、ものおしみする性《たち》で、何びとにも与えない人々、――これがなまぐさである。肉食はそうではない。（二四四）

「恥」という題の第三経は、偽りの友について語る。

恥じることを忘れまた嫌って、「われは（汝の）友である」と言いながら、しかも為し得る仕事を引き受けない人、――かれを「この人は（わが）友に非《あら》ず」と知るべきである。（二五三）

それでは、どのような人物に接すべきなのであろうか。第八経「船」は、他の者を真理へ導く手段をわきまえた智者と親しむべきである、と説いている。

未《いま》だものごとを解せず、嫉妬心《しっとしん》のある小人・愚者に親しみつかえるならば、ここ

で理法を弁え知ることなく、疑いを超《こ》えないで、死に至る。(三一八)
それ故に実に智識あり学識多い誠ある人に親しめ。ものごとを知って実践しつつ真理を理解した人は、安楽を得るだろう。(三二三)

大いなる章

第三、大いなる章は、十二経より成る。この章で注目されるのは、若干の経に釈尊の伝説が語られていることである。仏伝に関する最も古い資料の一つとして重要視されるものである。

そのうち、第十一経「ナーラカ」は、釈尊の誕生にまつわる伝説について述べている。

アシタという名の仙人が、神々がよろこび楽しんでいるありさまを目撃する。仙人がそのわけを訊《たず》ねると、神々は、未来のブッダがシャカ族の村に誕生されたので喜んでいるのだ、と答える。仙人は、シャカ族の王の宮殿に行き、未来のブッダとなるべき生まれたばかりの王子にお目みえする。王子を見た仙人は涙を流す。シャカ族の人々は、不吉な相でもあるかと心を痛める。そこで仙人は言う。「この王子は、さとりの頂《いただき》に達し、人々に教えを説くであろう。しかし、私の命はもう長くはない。その教えを聞くことができぬ。そのためなげいているのである」と。仙人は、甥《おい》のナーラカに、ブッダの教えに従うよう勧め、自分は宮殿から去ってゆく。のちに、ナーラカに乞《こ》われ、ブッダは教えを説く。

第一経は、ブッダが出家した理由を述べている。

マガダ国のビンビサーラ王は、高殿から清らかな修行僧を見かける。王は家来に命じ、その修行僧の住所をつきとめさせる。家来は、修行僧がパンダヴァ山に住んでいると報告する。王は、山へ出かけて行き、修行僧に質問を発する。ブッダは、「欲望には患いのあることを見、また出離は安穏であると見て出家した。私の心はこれを楽しんでいる」と答える。

第二経は、釈尊がさとりに至る道で体験した精神的葛藤《かっとう》を、悪魔ナムチとの戦いとして描写している。釈尊は、悪魔の軍勢である欲望、嫌悪、飢渇、愛執、ものうさ、恐怖などを退けて、勝利をおさめる。

第三章は、また、仏伝のほかにも、多くの問題を取り上げている。死は、いかなる時代においても、いかなる人間にとっても、必ず直面せねばならない大きな課題である。第八経「矢」は、人間の死を透徹した眼でみつめている。

生れたものどもは、死を遁《のが》れる道がない。老《お》いに達しては、死が来る。実に生あるものどもの定《さだ》めは、このとおりである。（五七五）

かれらは死に捉《とら》えられてあの世に去って行くが、父もその子を救わず、親族もその親族を救わない。（五七九）

汝は来た人の道を知らず、また去った人の道を知らない。汝は（生と死の）両極を見ないで、いたずらに悲泣《ひきゅう》する。（五八二）

みずから自己を害《そこな》いながら、身は瘠《や》せて醜《みにく》くなる。そうしたからとて、死んだ人々はどうにもならない。泣き悲しむのは無益である。（五八五）

八つの詩句の章

第四章と第五章とは、はじめ独立の経典であったものが、のちに組みこまれたものといわれる。成立が最も古く、仏教最古の経典である。

第四、八つの詩句の章は、十六経より成り、サンスクリット語の写本断片も発見されている。また、本章は、漢訳もなされている（支謙訳『仏説義足経』二巻。『大正大蔵経』、第四巻所収）。

本章は、さまざまな問題を論じているが、第一経の表題は、「欲望」である。

欲望をかなえたいと望み貪欲《とんよく》の生じた人が、もしも欲望をはたすことができなくなるならば、かれは矢に射《い》られたかのように悩《なや》み苦しむ。（七六七）

いかに欲望によってこの世に執着したからとて、人間は死から逃れ去ることはできない。

ああ短いかな。人の生命よ。百歳に達しないうちに死んでしまう。たといこれよりも長く生きるとしても、また老衰のために死ぬ。（八〇四）

死によって、この世の全てを失う人間が、とらわれをもって、あれこれと論争するのは、まことに虚《むな》しいことと言わねばならない。

かれらは「ここのみ清らかである」と言い張って、他の諸々の教えは清らかでないと説く。自分がもとづいているもののみ善であると説きながら、それぞれ別の真理を固執《こしゆう》している。（八二四）

必要なことは議論ではなく、自らを省みることである。しかし、これは易しいことではない。他人の悪口をよく言う人ほど、自分が言われたときに激しく怒るものである。

他人からことばで警告されたときには、反省して感謝せよ。ともに修行する人々に対する荒《すさ》んだ心を断て。善いことばを発せよ。その時にふさわしくないことばを発してはならない。人々をそしることを思ってはならぬ。（九七三）

執着もなく、他人をそしることもない人は「平安な人」と呼ばれる（第十経）。では、平安は、いかにして得られるのであろうか。

修行者は非難されてもくよくよしてはならない。賞讃《しょうさん》されても高ぶってはならない。貪欲《とんよく》と慳《ものおし》みと怒りと悪口とを除き去れ。（九二八）

彼岸に至る道の章

第五章は、他の章とは異なって、一つの筋を持っている。

バーヴァリンという名のバラモンが、無所有の境地を得ようと願って、サーヴァッティーから南国にやってくる。そしてゴーダーヴァリー河の岸辺に住みつく。あるとき大祭をもよおして自分の庵《いおり》にもどってくると、バラモンがやってきて五百金を乞う。バーヴァリンが、施物を全て施してしまって一金もないことを告げると、そのバラモンは怒って、七日後にバーヴァリンの頭が裂けて七つになれ、と呪いをかける。

バーヴァリンは、その呪いの言葉にうちしおれ、苦しみ悩む。彼の苦しみを見てある神が、呪いをかけたバラモンは、頭も頭の落ちることも知らぬ詐欺漢で、本当のことを知っているのは、シャカ族出身のブッダである、と助言する。

バーヴァリンの憂いは薄らぎ、その神にブッダの所在を訊ねる。神は、ブッダはサーヴァッティーにまします、と教える。バーヴァリンは勇躍ブッダのもとへ赴くが、十六人の弟子たちも一緒に従ってゆく。ブッダにお目見えした彼らは、頭と頭の落ちることについて質問を発する。そこでブッダは次のように答える。

「無明《むみょう》が頭頂であると知れ。明知が信仰と念《おも》いと定と欲と努力とに結びついている頭頂を落させるものである。」(一〇二六)

この答えを聞いて喜んだ十六人の学生たちは、一人ずつブッダに質問し、ブッダがこれに答える。この問答が、第二経以下、第十七経まで続き、結びの第十八経をもって終わる。

文献

かけ足で『スッタニパータ』を散策し、古い経典でありながら、今日の私たちに身近なことを平明な言葉で語っている点の一端のみを流し見た。詩集であるから、順序正しく読み進まねばならぬということもない。気の向くままにページを繰って、はっとする警句に出あうところに、むしろ妙味があるのかもしれない。人間の精神生活は、何世紀を経ても、それほど変わっていないのであろうか。

『スッタニパータ』には、数種のヨーロッパ語の翻訳があり、日本語訳もいくつかある。ここでは、すべて次の訳書から引用した。

中村元訳『ブッダのことば——スッタニパータ——』(岩波文庫)昭和三十三年。

右の書の巻末には註記《ちゅうき》と解説が付されており、また、関係文献の紹介が詳しくなされているので参照されたい。

(松本照敬)

ダンマパダ——真理のことば

真理のことば

わが国で、広く知られている経典として、『般若心経』や『観音経』の名前をあげることができるであろう。それでは、世界中で最も広く親しまれている仏典は何かというと、おそらく『ダンマパダ』という名があがってくるのではないだろうか。

『ダンマパダ』は、パーリ語の仏典で、『スッタニパータ』と同じように、成立が最も古いものの一つとされている。パーリ語の五部の経蔵のうちでは、小部（クッダカ・ニカーヤ）の第二経に位置しており、セイロンやビルマなど、南方仏教諸国では大いに尊重されている。

『ダンマパダ』に相当する数種類の漢訳も現存している。『ダンマパダ』という呼び名に耳なれぬ読者でも、漢訳名の『法句経《ほっくぎょう》』という名前ならば、耳にされたことがあるのではないだろうか。

英訳も何度かなされており、ドイツ語やフランス語など、ヨーロッパ各国語に翻訳され、キリスト教国においてさえも、教養書の一つとして、非常に親しまれているのである。

『ダンマパダ』の「ダンマ」は、「法」と漢訳され、「真理」を意味する語である。「パダ」は、漢訳では「句」であり、「ことば」という意味である。四二三の詩から成り立っており、主題によって二十六章に分けられている。四〇〇ほどの短詩集は、とても大部の経典とはいえない。ところが、この短詩集の中の数多くの詩が、他の仏典にしばしば引用されているのだ。

どうしてこんな小さな詩篇が、これほどまでに親しまれてきたのであろうか。それはおそらく、収められている詩の一つ一つが、倫理的に高い価値をもってきらめいていて、万人の胸を打つからなのであろう。

それでは、この「真理のことば」に、耳をかたむけることとしよう。

苦しみ

仏教は、現実世界を直視することから、その歩みを開始したのであった。『ダンマパダ』は、人生を、さめた眼でじっと見つめている。

何の笑いがあろうか。何の歓《よろこ》びがあろうか?——世間は常に燃え立っているのに——。汝らは暗黒に覆われている。どうして燈明を求めないのか?(一四六)

この世の中は暗黒である。ここではっきりと(ことわりを)見分ける人は少ない。網から脱《のが》れた鳥のように、天に至る人は少ない。(一七四)

現実を直視した結果、仏教が見出《みいだ》した第一の事実は、人生の苦しみということであった。

人間は死なねばならぬ存在である。永遠に生き続けることはできない。死は、生きている者にとって未知の世界である。経験することのかなわぬ不可知の世界である。死を忘れてこの世の歓《よろこ》びを謳歌《おうか》していても、それはあくまで一時的なことであって、ゆくてには死の深淵《しんえん》が待ちうけているのだ。生まれた以上、いつかは必ず死なねばならない。これは、何という不条理なことであろうか。

ああ、この身はまもなく地上によこたわるであろう、――意識を失い、無用の木片《ぎれ》のように、投げ棄てられて。(四一)

人間にとっての苦悩は、死ばかりではない。健やかな身体も、病いにおかされもしようし、青春の楽しき日々も束の間、老の影がしだいにしのびよってくる。この容色は衰えはてた。病いの巣であり、脆《もろ》くも滅びる。腐敗のかたまりで、やぶれてしまう。生命は死に帰着する。(一四八)

汝はいまや枯葉のようなものである。閻魔《えんま》王の従卒もまた汝に近づいた。汝はいま死出の門路に立っている。しかし汝には旅の資糧《かて》さえも存在しない。(二三五)

死ぬことも、老いることも、病いにかかることも苦しみであるとすれば、そもそも生存そのものが、苦しみであると言わねばならない。

わたくしは幾多の生涯にわたって生死の流れを無益に経《へ》めぐって来た、――家屋の作者《つくりて》(生死輪廻《りんね》の因)をさがしもとめて――。あの生涯、この生涯とくりかえすのは苦しいことである。(一五三)

生きていれば、愛する人とも別れねばならぬこともあるし、うとましい人と会わねばならぬこともある。

愛する人と会うな。愛しない人とも会うな。愛する人に会わないのは苦しい。また愛しない人に会うのも苦しい。(二一〇)

苦の成立

仏教の教えによれば、このような人間の苦悩は、つまるところ、人間の煩悩によるのであるという。人間には、さまざまの煩悩があるが、特に根本的な三つの煩悩は、むさぼり〔貪《とん》〕と怒り〔瞋《しん》〕と愚かさ〔癡《ち》〕である。そしてそれらは、人間の根底にある妄執にもとづいているのである。

恣《ほしいまま》のふるまいをする人には愛執が蔓草《つるくさ》のようにはびこる。林のなかで猿が果実《このみ》を探し求めるように、(この世からかの世へと)あちこちにさまよう。(三三四)

たとえ樹を切っても、もしも頑強な根を断たなければ、樹が再び成長するように、妄執(渇愛)の根源となる潜勢力をほろぼさないならば、この苦しみはくりかえし現われ出る。(三三八)

他人の過失を探し求め、つねに怒りたける人は、煩悩の汚れが増大する。かれは煩悩の汚れの消滅から遠く隔っている。(二五三)

むさぼりや怒りのような煩悩を生じて行動していながら、人間はおごり高ぶり、自分のみ正しいと考え、反省しない。これを愚かさという。

もしも愚者がみずから愚であると考えれば、すなわち賢者である。愚者でありながら、しかもみずから賢者だと思う者こそ、「愚者」だと言われる。(六三)

とらわれの泥沼に沈みこんでいる限り、人間の苦悩は、果てしなく続いてゆく。眠れない人には夜は長く、疲れた人には一里の道は遠い。正しい真理を知らない愚かな者どもには、生死の道のりは長い。(六〇)

苦の超克

苦しみが眼前にあるならば、人間はそれを乗りこえて進んでゆかねばならない。いつまでも苦の海に沈みこんでいるわけにはいかない。苦しみを克服する者は、誰であろう。それは、自分をおいてほかにはない。『ダンマパダ』は、自己に打ち克てと繰り返して主張している。

戦場において百万人に勝つよりも、唯《た》だ一つの自己に克つ者こそ、じつに最上の勝利者である。(一〇三)

自己こそ自分の主《あるじ》である。他人がどうして(自分の)主であろうか? 自己をよくととのえたならば、得難き主を得る。(一六〇)

みずから自分を励ませ。みずから自分を反省せよ。修行僧よ。自己を護り、正しい念《おも》いをたもてば、汝は安楽に住するであろう。(三七九)

実に自己は自分の主《あるじ》である。自己は自分の帰趨《よるべ》である。故に自分をととのえよ。——商人が良い馬を調教するように。(三八〇)

自分をよるべとし、自己に打ち克って実践すべき道は、道徳的に悪い行いをせず、善き行いをして、自分の心を清らかにすることである。これが仏教の基本的実践原理であるが、きわめて単純にして明快である。『ダンマパダ』は、善を勧め、悪を厳しく糾弾している。

すべて悪しきことをなさず、善いことを行ない、自己の心を浄《きよ》めること、——こ

れが諸の仏の教えである。（一八三）

悪いことをした人は、この世で憂え、来世でも憂え、ふたつのところで共に憂える。かれは、自分の行為が汚れているのを見て、憂え、悩む。（一五）

善いことをした人は、この世で喜び、来世でも喜び、ふたつのところで共に喜ぶ。かれは、自分の行為が浄《きよ》らかなのを見て、喜び、楽しむ。（一六）

人がもしも悪いことをしたならば、それを繰り返すな。悪事を心がけるな。悪がつみ重なるのは苦しみである。（一一七）

人がもしも善いことをしたならば、それを繰り返せ。善いことを心がけよ。善いことがつみ重なるのは楽しみである。（一一八）

悪いことをするよりは、何もしないほうがよい。悪いことをすれば、後で悔いる。単に何かの行為をするよりは、善いことをするほうがよい。なしおわって、後で悔いがない。（三一四）

苦の終滅への道

善を行い、悪を捨て、正しい知を体得すれば、人は、もはや苦しみに悩ませられることはない。その安らぎの境地を実現するためには、まず第一に、ものごとを正しく見ることから始めねばならない。

まことであるものを、まことであると知り、まことではないものを、まことではないと見なす人は、正しき思いにしたがって、ついに真実《まこと》に達する。（一二）

最上の真理を見ないで百年生きるよりも、最上の真理を見て一日生きることのほうがすぐれている。（一一五）

ものごとを正しく見きわめたならば、次には正しい行動を起こすこととなるが、およそ人間の活動というものは、身体のはたらき、ことばのはたらき、心のはたらきに集約される。この三つのはたらきを清らかにすることが、苦の終滅への道である。

身にも、ことばにも、心にも、悪い事を為さず、三つのところについてつつしんでいる人、――かれをわれは〈バラモン〉と呼ぶ。（三九一）

〈バラモン〉とは、古代インドのヴェーダの宗教の司祭者のことであるが、この『ダンマパダ』のいう〈バラモン〉はその意味ではない。ここでは、徳の具現者、理想の人物を指して〈バラモン〉と呼んでいるのである。

さて、善は、人間の身体的な行動によって具体的なものとして現れる。

善い行ないのことわりを実行せよ。悪い行ないのことわりを実行するな。ことわりに従って行なう人は、この世でも、あの世でも、安楽に臥《ふ》す。（一六九）

もしも或《あ》る行為をしたのちに、それを後悔しないで、嬉《うれ》しく喜んで、その報《むく》いを受けるならば、その行為をしたことは善い。（六八）

身体的な行為を清らかなものとすると同時に、ことばの活動もまた、清らかに正しいものとしなければならない。ことばは、身体的な行為のように、形として現れないだけに、むしろ問題が多い。うかつに発したことばが、他の人の身体を傷つけるよりも、はるかに深く傷つけているということは、起こりがちなことである。

荒々しいことばを言うな。言われた人々は汝に言い返すであろう。怒りを含んだことばは苦痛である。報復が汝の身に至るであろう。（一三三）

粗野ならず、ことがらをはっきりと伝える真実のことばを発し、ことばによって何人《なんぴと》の感情をも害することのない人、──かれをわれは〈バラモン〉と呼ぶ。（四〇八）

身体のはたらき、言語のはたらきを正しくするには、その両者の根底にある自らの心のはたらきを、充分にコントロールする必要がある。ところが、心のはたらきは、複雑微妙であって、実際には、なかなか制御しがたい。
心は、動揺し、ざわめき、護り難く、制し難い。英知ある人はこれを直《なお》くする。――弓矢職人が矢柄を直くするように。(三三)
心が煩悩に汚されることなく、おもいが乱れることなく、善悪のはからいを捨てて、目ざめている人には、何も恐れることが無い。(三九)

身体、言語、心の三つのはたらきをつつしむことによって、仏の道は完成される。

ことばを慎しみ、心を落ち着けて慎しみ、身に悪を為してはならない。これらの三つの行ないの路《みち》を浄くたもつならば、仙人(=仏)の説きたもうた道を克《か》ち得るであろう。(二八一)

仏道を完成するには、ひたむきな努力、精進あるのみである。
つとめ励むのは不死の境地である。怠りなまけるのは死の境涯である。つとめ励む人々は死ぬことが無い。怠りなまける人々は、死者のごとくである。(二一)
怠りなまけて、気力もなく百年生きるよりは、堅固につとめ励んで一日生きるほ

うがすぐれている。（一一二）

努力して真理を体得し、煩悩を滅したならば、すべての束縛から脱して、安らぎの境地に到達する。

覚《さと》りのよすがに心を正しくおさめ、執著なく貪《むさぼ》りをすてるのを喜び、煩悩を滅ぼし尽くして輝く人は、現世において全く束縛から解きほごされている。（八九）

正しい知慧《ちえ》によって解脱《げだつ》して、やすらいに帰した人――そのような人の心は静かである。ことばも静かである。行ないも静かである。（九六）

すでに（人生の）旅路を終え、憂いをはなれ、あらゆることがらにくつろいで、あらゆる束縛の絆《きずな》をのがれた人には、悩みは存在しない。（九〇）

慈悲と平和

人間の苦悩の根源を認識し、その克服をめざして安らぎの境地に到達することは、すぐれて個人的ないとなみであるといえる。しかし、人間は孤立した存在ではない。人間社会において暮らしている限り、他者とのかかわり合いが、当然問題となる。他者を傷つける暴力を、『ダンマパダ』は強く否定している。

すべての者は暴力におびえ、すべての者は死をおそれる。己《おの》が身をひきくらべて、殺してはならぬ。殺さしめてはならぬ。(一二九)

すべての者は暴力におびえる。すべての(生きもの)にとって生命は愛《いと》しい。己《おの》が身にひきくらべて、殺してはならぬ。殺さしめてはならぬ。(一三〇)

強くあるいは弱い生きものに対して暴力を加えることなく、殺さずまた殺させることのない人、——かれをわれは〈バラモン〉と呼ぶ。(四〇五)

生きてゆくことが、いかに苦しみ多くとも、他者によって生命を断たれることは、生けるものにとってこの上なき恐怖である。なぜなら、苦しみならば克服し得る可能性が残されているが、生命はひとたび失われれば、再びよみがえることはないからである。人間ひとりひとりの生命は、実にかけがえがない。

我々が日常生活を送っている時、自分が人間であることを、とりたてて深くも考えてみないが、一つの生命がこの世に現れるについても、無数の条件が必要であることを思う時、多くの生物の中で、特に人間というものに生まれたということが稀有《けう》なことであったことに気づかされる。

人間の身を受けることは難しい。死すべき人々に寿命があるのも難しい。正しい教えを聞くのも難しい。もろもろのみ仏の出現したもうことも難しい。（一八二）

それぞれの人間が受け難い人身を受け、かけがえのない尊い生を生きているのであるから、互いに憎み合ったり、怨《うら》んだり、傷つけ合ったり、殺し合ったりすることは、実におろかしいことである。

実にこの世においては、怨みに報いるに怨みを以てしたならば、ついに怨みの息《や》むことがない。怨みをすててこそ息む。これは永遠の真理である。（五）

怨みをいだいている人々のあいだにあって怨むこと無く、われらは大いに楽しく生きよう。怨みをもっている人々のあいだにあって怨むこと無く、われらは暮していこう。（一九七）

勝利からは怨みが起る。敗れた人は苦しんで臥《ふ》す。勝敗をすてて、やすらぎに帰した人は、安らかに臥す。（二〇一）

怨みをいだくことなく、人類が互いの生命を尊重し合い、真理の教えを奉じて、平和のうちに生活することにこそ、『ダンマパダ』の説く理想の姿があるといえよう。

もろもろのみ仏の現われたまうのは楽しい。正しい教えを説くのは楽しい。つどいが和合しているのは楽しい。和合している人々がいそしむのは楽しい。(一九四)

文献

『ダンマパダ』の四二三詩のうち、ここで取り上げたのは、わずかにその一割にすぎない。ほかにもまだ、「真理のことば」という名にふさわしい多くの詩がある。『ダンマパダ』は、しばしば日本語訳がなされている。ここでは、すべて次の訳書から引用した。

中村元訳『ブッダの真理のことば・感興のことば』(岩波文庫、昭和五十三年)。

右の書には、学問的に有益な訳註《やくちゅう》が付せられ、あとがきに、詳しく関係文献の紹介がなされている。

(松本照敬)

ジャータカ――一角仙人伝説をめぐって

鳴神上人

数年前、歌舞伎十八番の一つである『鳴神《なるかみ》』を観た。坂東玉三郎《ばんどうたまさぶろう》が雲《くも》の絶間姫《たえまのひめ》を演じていたが、その妖《あや》しい魅力は、主役の鳴神上人《しょうにん》を演じていたのが誰であるかを忘れさせるほど印象深いものであった。女優でも彼ほどのエロチシズムを表現することはできまい、というような、玉三郎についていつも評論家が口にするところの陳腐な意見を、本稿の筆者も表明せざるを得なかった。この『鳴神』の素材について少しでも興味を持った人は、この作品が謡曲の『一角仙人』の流れを汲《く》むものであり、その謡曲がまた、『太平記』巻三十七、あるいは『今昔物語』巻五の第四などにもとづき、更にその源流をたどれば、漢訳仏典を経て、インドのジャータカまで遡《さかのぼ》ることができるということを知っている。つまり、筆者は、最も有名なジャータカの一つを紹介しようとして、まず冒頭で『鳴神』に言及したわけなのである。

ジャータカの成立

ここで、ジャータカとは何かということを簡単に説明したい。「ジャータカ」(Jātaka)は「本生経《ほんじょうきょう》」、「本生話」などと訳されるように、前生の物語である。そして、例外もないではないが、特に釈尊の前生の物語を指すことが多い。釈尊は現生においてどうしてブッダ（仏陀）となったかというと、無数の過去世において、ありとあらゆる種類の善行を行い、功徳を積んだからであると考えられた。そこで、釈尊の前生の物語を作る場合、当時民間に流布していた興味深い伝説や寓話《ぐうわ》の類《たぐい》を利用した。それらの物語の中で、前世における釈尊は、ボーディサッタ（菩薩《ぼさつ》）とかマハーサッタ（摩訶薩《まかさつ》、大士）と呼ばれた。有名な釈尊の前生物語がバールフトやサーンチーの仏塔の玉垣の浮彫に見られることから、ジャータカという文学形式の原形は、紀元前三世紀ごろにすでに成立していたと推定できる。

一般にジャータカというと、パーリ語で書かれた南伝のジャータカを指す場合が多い。このパーリ語のジャータカは、後世になってジャータカを集大成したものの一つであるが、現在残っているジャータカ集の中で最もよくまとまっている厖大《ぼうだい》な文献で、二二篇五四七話の前生物語を含んでいる。これらの原典は出版され、英語、ドイツ語による全訳がある。また、日本語による全訳も、『南伝大蔵経』(第二十八巻―三十九巻)に収められている。その他、必ずしもジャータカとは呼ばれないが、また必ずしもジャータカの形式を具えてはいないが、パーリ語のジャータカと対応する前生物語が、サンスクリット語の仏教文学作品や、漢訳諸仏典の中に伝えられている。これらは北伝のもので、パーリ語のジャータカと同じ内容のものも多いが、伝承を異にする場合もあり、パーリ所伝の五四七話に全く含まれないものも見出される。

最も整った形式のジャータカは三部門から構成されている。すなわち、

(1)序分――一つのジャータカの序にあたる部分。どのような機会に釈尊が人々に過去世の物語を述べたかを示す部分。

(2)前世の物語――ジャータカの中心部をなす過去世の物語。この物語において、釈尊の前生である菩薩は、主人公であるか、あるいは何らかの重要な役割を演ずる脇役、神格(樹神など)である。

(3)連結部――(1)と(2)とを結びつける結論的部分。この部分において、釈尊が、前世における誰々は現世における誰々であると説く。

以上の三部門において、ジャータカ作者の最大の関心は、あくまでも(2)の前世の物語にある。ジャータカ説話の所期の目的は、いうまでもなく興味ある物語を手段として用い、仏教を民間に広めることにあったのだが、作者としては、次第にストーリーテラーの自覚に目覚め、(2)の部分の叙述に全力をあげ、(1)と(3)とは単に仏説としてのジャータカの体裁を整えるために付け加える場合が多くなったことであろう。この(2)の前世の物語は、前述のごとく、当時のインドの民間に流布していた伝説や寓話の類から取り入れ、その中の登場人物の一人を釈尊の前生である菩薩に仕立てて、仏教説話に変えたものである。であるからして、ジャータカのうちには、ヒンドゥー教側の文献、例えば『マハーバーラタ』とか『ラーマーヤナ』などの叙事詩や、プラーナ聖典などに含まれる物語と類似したものや、ほとんど同一の内容の話も少なくない。その場合、どちらが古いということは断定できず、いずれも当時すでに成立して広く知られていた物語を取り入れたと考えた方がよさそうである。また、ジャータカよりもずっと後代に現存の形を整えた有名な『パンチャタントラ』や、『ブリハット・カター』系の物語集（拙訳『屍鬼二十五話』、平凡社、二八〇頁以下を見よ）にも、ジャータカと同じ内容の物語が多く含まれる。これらの物語集の原形が成立した時期はかなり古いと推定されるが、その成立過程においてジャータカの影響をある程度受けたと考えられる。むろん、仏典以外の伝承の物語の集大成した場合も、すでに存したジャータカとパラレルな物語を取り入れる結果となったであろうが、それ以外にも、仏教説話と知りながら、ジャータカ所伝の物語を幾分非仏教的に変えて取り入れたこともかなりあったことであろう。

いずれにせよ、ジャータカという文献がインド説話において重要な位置を占めることはいうまでもない事実である。インドは説話の宝庫といわれ、直接、間接的にインド説話が世界文学に与えた影響ははかり知れないものがあるが、このジャータカは、よく知られたインドの説話集のうちでも最も古い時期に成立したものである。

（『ジャータカ』に関する参考文献としては、次のものが重要である。干潟龍祥『ジャータカ概観』、鈴木学術財団、『本生経類の思想史的研究』、山喜房仏書林）

アランブサー・ジャータカの話

ここでまた一角仙人《いっかくせんにん》の伝説にもどりたい。まずジャータカの一例として、この有名な説話の原形を紹介することにする。

一角仙人の物語はパーリ語の『アランブサー・ジャータカ』（Jātaka No. 523）と

『ナリニカー・ジャータカ』（No. 526）とに見出される。もっとも、この二つのジャータカに登場する主人公の名は、厳密には一角仙人ではなく、イシ・シンガ（鹿の角を持つもの）である。それらのうちで、まず、『アランブサー・ジャータカ』の内容を紹介する。この前生物語は、別れた妻のことを忘れられなくて出家を厭《いや》がっている比丘に向かって、釈尊が、「前生においても、お前はその女のために迷ったことがある」と言ってから語られたものである、という序分で始まる。

昔、ベナレス（カーシ国の首都）で、ブラフマダッタ王が国を統治していた時、菩薩はカーシ国のバラモンの家に生まれ、成人となった後は仙人となり、森林の中で暮らしていた。ある時、一匹の牝鹿《めじか》がたまたま彼の精液を飲み、それだけで妊娠してしまった。やがて牝鹿は男子を産んだので、仙人は彼にイシ・シンガ（鹿角）という名をつけて、仙者の暮らしをさせた。その後、父の仙人は、くれぐれも女色に気をつけるようにと遺言してから死んだ。イシ・シンガは激しい苦行を行ったので、帝釈天《たいしやくてん》（サッカ）は自己の地位がおびやかされることを恐れ、アランブサーという名のコケティッシュな天女を派遣して彼を誘惑し、苦行をやめさせようと企てた。イシ・シンガは近づいてくる天女を見て、たちまち心を惹《ひ》きつけられるが、天女はなおも手練手管を用い引き返すふりをしたので、イシ・シンガは興奮して彼女を追い、その髪をつかんで引きとどめた（二人の対話において、天女はイシ・シンガのことをカッサパ〔＝カーシャパ〕と呼んでいる。これは彼の父方の姓である。彼の父もカッサパと呼ばれている。後で紹介する『マハーバーラタ』の場合と比較して、注目すべきことである）。

それから三年の間、二人は快楽の限りを尽くしたのであった。しかし、三年経つと、イシ・シンガは迷いから醒《さ》めて、誰に頼まれて自分を誘惑したのか、と天女に尋ねた。そこで天女は、

「帝釈天から派遣されてあなたを誘惑したが、あなたはついに迷いから醒めてしまった」

と告白した。イシ・シンガは父の戒めを守らなかったばかりにこのように破滅してしまったと後悔し、愛欲を棄てて禅定を発した。天女は彼の威光を恐れて懺悔《さんげ》し、彼の足下にひれ伏して、「大仙よ、怒らないで下さい」と許しを請うた。そして彼に許されて、天女は天界に帰って行った。帝釈天が彼女の功をねぎらい、「何でも願いをかなえてやるから申してみろ」と言った時、天女は答えたものだった。

「帝釈天さま、お願いよ。仙人の誘惑のお仕事なんて、もう二度としたくないわ」と。

この話をしてから、釈尊は、過去と現在とを結びつけて、「その時の天女は出家を厭がっている比丘の妻であり、イシ・シンガはこの比丘であり、父の大仙こそ自分であった」と語られた。

ナリニカー・ジャータカの話

次に『ナリニカー・ジャータカ』の内容を紹介する。このジャータカが語られた状況は、『アランブサー・ジャータカ』の場合と全く同じである。

昔、ベナレスで、ブラフマダッタ王が国を治めていた時、菩薩はバラモンの家に生まれ、成人した後は仙人となって、ヒマーラヤ山中に住んでいた。一匹の牝鹿が彼の精液を飲んで妊娠し、子を産み、仙人はその子をイシ・シンガと名づけた。

イシ・シンガは成長し、ヒマーラヤ山中で苦行を行っていた。帝釈天は何とかして彼の苦行を妨害しようと企て、ある策略を用いた。彼は三年の間、カーシ国に雨を降らせなかったのである。そのため、国中は火に焼かれたようになり、人々は飢饉《ききん》に苦しんで国王に訴えた。

「三年間も雨が降らないで、困り果てております。どうか雨を降らせて下さい」

国王がどうすることもできずに困っていると、夜中に帝釈天が王の寝所に現れ、雨の降らないのはイシ・シンガの苦行のためであると告げ、更に、王女のナリニカーを派遣して仙人を誘惑させれば、仙人の行を破ることができると示唆した。そこで国王は娘のナリニカーをヒマーラヤ山中に派遣したのである。

王女は苦行者に変装し、ただし美々しく装《よそお》い、毬《まり》を持ってイシ・シンガに近づいて行った。彼は本能的に怖れおののいて草庵《そうあん》に逃げこんだが、王女の方はその入口で毬つきを始めた。毬をつくたびに彼女の肢体が見え隠れする。世間のことを全く知らぬイシ・シンガは、その毬を果実であると思い、好奇心にかられて王女に尋ねた。

「その果実は投げてもまたもとにもどる。その果実のなる樹は何というのか？」

王女は答えた。

「私の庵《いおり》の近くの山にはこんな樹が多いのです」

女を一度も見たことのないイシ・シンガは、彼女を男の苦行者であると信じ、自分の庵に入れてもてなした。王女が草庵に入って坐《すわ》った時、彼女の衣が解けて肉体が露出した。イシ・シンガは女の身体をいまだ見たことがなかったので、女陰を見ると傷だと思いこみ、「その傷はどうしたのか」と質問した。

（この後の箇所ははなはだ猥褻《わいせつ》なため、英訳者もこの部分を省略している。しかし、まぎれもない仏典に書いてある以上、削除するのも好ましくない。幸い、この箇所には、田中於菟弥《たなかおとや》先生の真に逼《せま》る部分訳（「仏典のエロチシズム」「春秋」、No.156, p.2）があるから、それを引用することにする）

「お前の股間《こかん》のそれは何だ。堅く締まって黒いようだが、お前の根器は穴の中にはいっているのか」

「熊がはげしく追いかけてきて、私を倒して根器を嚙《か》み切ったのです」

「お前の傷は深くて赤味を帯び、腐っているのではないが、ひどい臭いがする。お前のために煎薬《せんやく》を煮て快癒させてあげよう」

「梵行《ぼんぎょう》の人よ、神呪《じんしゅ》の薬も、煎薬も、他の薬も効験がない。あなたのもっている柔いものでこの痛みを癒《いや》してください。私が快くなるまで」（以上、田中訳）

そこでイシ・シンガは傷を癒してやろうとして、彼女と交わり、戒を破って禅定を棄ててしまった。彼は二回三回と性交して疲れ果てたので、湖で水浴してから引き返し、彼女に色々のことを尋ねた。王女は自分の庵に来るようにと誘ったが、彼は父のもどるまで待ってくれと頼んだ。王女は父親が帰って来て怒ることを恐れ、何とか口実を設けてその場を逃げ出し、ベナレスに帰ってしまった。帝釈天は満足して、国中に雨を降らせた。

一方、イシ・シンガは、王女が去ると熱を出して、震えながら草庵で寝ていた。夕方になって父親が帰り、わけを尋ねたので、彼は一部始終を告げた。

（ここでまた田中訳を引用する）

「その傷はよく癒着し、周りはすべて柔かでした。大きくて美しく、花のように輝いていました。彼は私の上にのしかかり、股《また》を開いて腰で押しました」

「彼は〝熊がこの傷を与えた〟といい、〝私を気持よくしてくれ〟といったので、私はその通りにしたら、私も気持よくなりました。彼も〝バラモンよ、私は気持がいい〟といいました」（以上田中訳）

イシ・シンガは王女の化けたその苦行者が恋しくて、バラモンとしての義務を怠ったのであった。そして、

「父上、あの人がどこに住んでいるか知ってらしたら私をそこにやって下さい。さもないと死んでしまいます」

と嘆き悲しんだ。そこで父は、これはきっと女のために戒を破らされたのであると知り、

「わが子よ、これらの鬼霊どもは様々な姿で人間界を徘徊《はいかい》する。智慧《ちえ》ある人はそれら

とつきあってはならぬ」

と言って息子を諫《いさ》めた。イシ・シンガはそれを聞き、「あれは夜叉女《やしゃにょ》であったのか」と恐ろしくなり、父に許しを請うた。そして父の教えを実行して再び禅定を得た。

釈尊はこの物語をしてから、過去と現在とを結びつけて、「その時の王女ナリニカーは出家を厭がった比丘の妻であり、イシ・シンガはその比丘、彼の父親こそ自分であった」と語られた。

イシ・シンガの誕生のエピソードはバールフトの浮彫に見えるから、これらのジャータカの原形は紀元前二世紀ごろにはすでに成立していたと推定される。ここに紹介した二つのジャータカを比較すると、イシ・シンガという主人公の名は共通で、彼が牝鹿の胎より産まれたということも共通である。帝釈天が仙人の苦行を恐れて女を用いるというモチーフも共通である。ただし、『アランブサー・ジャータカ』において、仙人を誘惑するのはアランブサーという名の天女であり、帝釈天自身によって派遣される。『ナリニカー・ジャータカ』の場合は、仙人を誘惑するのはナリニカーという名の王女であり、直接には父王によって派遣される。いずれにせよ、仙人が女色に迷い、女に去られて苦しみ、父に諭されて禅定をとりもどすというテーマは共通である。ただし、『ナリニカー・ジャータカ』の作者はエロチックな描写を好み、はなはだ猥褻な表現を用いている。女色に迷う出家者を諫めることを目的とする説話において、何もここまできわどい描写をしなくてもよさそうなものだが、作者の個人的な好みがつい筆をすべらせてしまったものであろう。しかも、この箇所が当局の検閲を受けて削除されずに現在まで伝わったことは、後世の仏教徒もかかる描写を殊の外に好んだという証拠である。その点、遺憾ながら、本稿の筆者の場合も例外ではない。

マハーバーラタの話

次に、大叙事詩『マハーバーラタ』(III, 110—113) に伝わる一角仙人の伝説を紹介することにする。ここでは、主人公の名はリシヤ・シュリンガとなっている。ジャータカのイシ・シンガはこのリシヤ・シュリンガのパーリ語形である。

カシヤパ仙の息子ヴィバーンダカ (＝カーシヤパ) は、長い間、苦行に専念していた。ある日、川で沐浴《もくよく》していた時、天女ウルヴァシーを見て欲情を起こし、精液を水の中に落とした。一匹の牝鹿がそれを水とともに飲み、男の子を出産した。その子には鹿の角が生えていたので、リシャ・シュリンガ（鹿角を持つもの）と名づけられた。そして、彼は父親の他には人間を見ることなく成長した。

そのころ、ローマパーダという王がアンガ国を治めていた。ある時、この王はバラモンたちの怒りを買い、彼らに見捨てられてしまった。宮廷の祭官たちも去って行ったので、帝釈天（インドラ神）は雨を降らすことをやめ、そのため民衆は苦しんだ。そこで王は、苦行を積んだ賢いバラモンたちに、どうしたら雨を降らすことができるかと、その方法を尋ねた。すると、ある隠者が王に答えた。

「王様、バラモンたちがあなたのことを怒っています。まずあなたの罪を償いなさい。もしも、女を知らぬリシャ・シュリンガという森に住む隠者がこの王国に来れば、たちどころに雨が降ることでしょう」

この忠告を聞くと、王はまず自己の罪の償いをしてバラモンたちの怒りを解いた。それから、大臣たちを集めて、リシャ・シュリンガをつれて来る方法を検討した。その結果、王は最高級の遊女たちを集め、リシャ・シュリンガを誘惑して王国につれて来るよう命じた。女たちは、失敗して王に怒られたり、苦行者に呪われることを恐れて、その仕事を引き受けなかった。しかし、ある老女が、自分がその苦行者をつれて来ると約束し、若さと美貌《びぼう》にあふれた女たちをつれて出発した。彼女は舟の上に美しい庵を作って水上を行き、カーシヤパ仙の庵の近くにとめておいた。そしてカーシヤパ仙の留守を見すまして、才知に長《た》けた自分の娘をリシヤ・シュリンガのもとに派遣した。その遊女は話しかけた。

「苦行者さん、お元気ですか」

リシヤ・シュリンガは彼女を男の苦行者だと思いこんで接待した。

「あなたの庵はどこにあるのですか」

「三里も先にあるのですよ」

などと話し合いながら……。彼は果物などをさし出したが、女は何も受けず、彼に上等な食物や、かぐわしい花輪や華美な衣服や極上の酒を与えた。それから彼女は毬で遊び戯れ、時々その身体で彼にふれた。そして、何度も彼に抱きついたりした。樹々の枝をたわめて花々をつみ、酔って恥じらいをなくしたかのような風情で、彼を惑わした。それから、彼の態度が変わったのを見すまして、彼の身体を幾度も押してから、日々のおつとめのことが気がかりだという口実のもとに立ち去って行った。

リシヤ・シュリンガは彼女が行ってしまうと恋わずらいにかかってしまった。父がもどり、息子がため息をつきうわの空で坐っているのを見て、わけを尋ねたところ、息子は見たこともないような美しい学生が来たと告げた。

「彼の胴は臍《へそ》のあたりでくびれていましたが、その尻《しり》はとても大きいのです」

などとその特徴を克明に報告しながら……。

「彼は、何度も私の身体を抱きしめました。そして私の髪をつかむと顔を下げさせ、彼の唇を私の唇にあてがって、音を立てました。それは私に歓喜をもたらしました」

そして、かぐわしい花輪や不思議な液体（酒）をもらったことを話したので、父は、

「それは羅刹鬼《らせつき》だ。苦行者はそんなものとつきあってはならぬ」

と息子を戒めた。

ところが、また父親の留守の間、その遊女は再びリシャ・シュリンガを誘惑しにやって来たのである。リシャ・シュリンガは彼女を見るや大喜びし、

「父のもどらぬうち、すぐにあなたの庵に行こう」

と言った。そこで遊女たちは、彼を舟にのせて、アンガ国王のもとにつれて行った。するると、たちまち大雨が降ったので、国王は望みもかない、娘のシャンーター姫をリシヤ・シュリンガに与えた。

父のカーシャパ仙は庵にもどると息子がいないので怒り狂い、国王とその領国を燃やしてやろうと都に出かけたが、王は手まわしよく、種々の贈物を彼に与え、手あつく歓待したので、彼の怒りもほとんど和らいだ。そして都に入った仙人は、息子が王

女シャーンターと結婚したことを知り、すっかり怒りを解き、「息子が生まれたら森にもどれ」と命じた。リシヤ・シュリンガは父の命令に従い、息子の生まれた後は再び森に帰って行った。妻のシャーンターは慣習に従って、彼につき従って行った。

各篇の比較とその他の伝説

この『マハーバーラタ』の所伝を二篇のジャータカと比較して見る。主人公の名は、サンスクリット語とパーリ語形との違いだけで、同一である。『アランブサー・ジャータカ』において、主人公はカッサパ（＝カーシヤパ）という父方の姓で呼びかけられているが、この点、『マハーバーラタ』と共通である。主人公が牝鹿から産まれたというモチーフはすべてに共通である。二つのジャータカにおいては、帝釈天が主人公の苦行を恐れて、天女あるいは王女を用いて彼を誘惑させたが、『マハーバーラタ』の話では、帝釈天が仙人の苦行を恐れるという動機が欠けている。帝釈天が降雨をとめるということは『ナリニカー・ジャータカ』と『マハーバーラタ』に共通だが、『アランブサー・ジャータカ』では降雨は関係ない。『マハーバーラタ』では名もない遊女が主人公の誘惑に派遣され、しかも両者は交わることはない。苦行者の戒を破ることが目的ではなく、彼を童貞のまま都につれて来ることが必要であったからである。彼は王女シャーンターと結婚させられる。シャーンターという名は、この伝説のその後の展開において重要である。細かいことだが、毬遊びは『ナリニカー・ジャータカ』と『マハーバーラタ』とに共通である。

以上見たように、三つの作品には部分的には共通する点もあるのだが、それぞれ独立の伝承にもとづいたものと考えた方がよさそうである。三つのうちのいずれかが古く、他のものはそれにもとづいたとすることは不可能である。

リシヤ・シュリンガの伝説は『ラーマーヤナ』(I, 8—10)やプラーナ聖典にも見られるが、『マハーバーラタ』のものとほとんど同じである。『ラーマーヤナ』には、その他にも、アヨーディヤーのダシャラタ王が息子を欲してリシュヤ・シュリンガを招聘《しょうへい》し、ラーマをはじめとする息子たちを授かる話がのっている(『ラーマーヤナ』I, 11—16)。

ところで、二つのジャータカにおいて、帝釈天が苦行者の苦行を恐れて女性を用いて苦行を妨害させようとするが、帝釈天の苦行妨害の話は古代インドの諸文献の中にしばしば見出される（原実『古代インドの苦行』、春秋社、四七三―四九五頁を参照せよ）。その例をあげればきりがないが、ここではまず、一角仙人の伝説と極めて関係が深いサラスヴァティー河の息子の伝説を紹介する。この伝説は『マハーバーラタ』（IX, 50）にある。

帝釈天（シャクラ）は隠者ダディーチャの苦行を恐れ、その妨害のために天女アランブサー（この名に注目せよ）を派遣した。アランブサーはダディーチャの庵に行き、コケティッシュに踊ったり歌ったりしたので、隠者はおもわず欲情して射精してしまった。彼の精液はサラスヴァティー河に落ちた。そのため河の女神は妊娠して子供を産み、その子をダディーチャに見せてわけを話した。ダディーチャは大喜びして子供をとりあげて抱擁し、サラスヴァティー河を讃《たた》えた。そしてその子をサーラスヴァタ（「サラスヴァティーの息子」の意）と名づけ、十二年間の旱魃《かんばつ》がおとずれた時、サーラスヴァタが雨を降らすであろうと予言した。

この物語で、苦行者を誘惑するのはアランブサーという名の天女である。帝釈天が苦行を恐れるというモチーフとともに、この天女の名は『アランブサー・ジャータカ』によって採用された。精液が河に落ちることも一角仙人の伝説の場合と同じであるが、ただし妊娠したのは鹿でなくて河であった。牝鹿から産まれたという点に、一角仙人伝説の特異性が存する。しかし、異常な出生の秘密を持つ男が「雨を降らせる」という点では共通性があり、このサラスヴァティーの息子の伝説が一角仙人伝説と深い関係にあることは否定できない。

ちなみに、帝釈天が天女を用いて苦行者を妨害する話のうちで最も有名なものが、メーナカーによるヴィシワーミトラ仙の誘惑である。この話は『マハーバーラタ』(I, 65—66)に挿入されている。

帝釈天(インドラ)は厳しい苦行を行っている王仙ヴィシワーミトラを恐れ、その妨害のために天女メーナカーを派遣した。メーナカーは王仙にあいさつし、彼の前で戯れるが、その時、かねての手はず通りに風が吹き、彼女の衣服を取り去った。彼女は衣服を抱きしめながら地面に倒れ、恥じらいつつ、なじるように風に向かってほほえんだ。王仙は彼女の裸体を見て愛欲のとりことなり、彼女と交わった。その結果生まれたのが、有名な美女シャクンタラーであった。

マハーヴァストゥ、その他の所伝

以上、パーリ語のジャータカと叙事詩『マハーバーラタ』とに含まれる、一角仙人伝説の最も古いと思われる三つの話を紹介したが、それらの主人公はすべて「鹿角」(イシ・シンガ、リシヤ・シュリンガ)であって、「一角」ではなかった。「一角」(エーカ・シュリンガ)という名が初めて出るのは、仏教サンスクリット語で書かれた仏伝文学作品の『マハーヴァストゥ』(三)においてである。この作品中の一角仙人の伝説は「ナリニー・ジャータカ」と呼ばれ、主人公を誘惑するのはナリニー(パーリ語のジャータカのナリニカーに対応する)という王女である。ここでは、主人公が鹿から誕生する過程は、古い伝承と比べるとやや「科学的」である。牝鹿がカーシヤパ仙の精液を飲むところまでは同じであるが、それから牝鹿が自分の子宮口を舌でなめたので妊娠したとするのである。母親の牝鹿やその他の鹿たちと、エーカ・シュリンガとの交流も伝えられている。帝釈天には言及せず、ナリニーがエーカ・シュリンガを誘惑する方法とその結末は、むしろパーリ所伝よりも『マハーバーラタ』に似ている。ただし、王女が直接に誘惑し、後にエーカ・シュリンガが王位につく点が異なる。

『マハーヴァストゥ』に収められた一角仙人の物語は、岩本裕《いわもとゆたか》博士によって全訳された（仏教聖典選第二巻『初期経典』、読売新聞社、昭和四十九年、三五五―三七〇頁）。

サンスクリット語で書かれた一角仙人伝説としては、『マハーヴァストゥ』の他にも、カシュミールの詩人クシェーメーンドラ（十一世紀）の『アヴァダーナ・カルパラター』（六五）などのアヴァダーナ文献の中に含まれるものがある。その他に、この伝説は『仏本行集経《ぶっぽんぎょうじっきょう》』（巻十六）、『根本説一切有部《こんぽんせついっさいうぶ》毘奈耶《びなや》破《は》僧事《そうじ》』（巻十二）、『摩訶《まか》僧祇《そうぎ》律《りつ》』（巻一）、『大智度論』（巻十七）などの漢訳仏典に見られる。漢訳仏典では、主人公の名は「一角」あるいは「独角」（＝エーカ・シュリンガ）となっている。ただし、『摩訶僧祇律』では「鹿班」となっている。また、ヒロインの名は、『マハーバーラタ』のシャーンターの漢訳名（扇陀《せんだ》など）が用いられている。

この一角仙人の伝説は、漢訳仏典（主として『大智度論』）を通じてわが国に伝わり、『今昔物語』（巻五の第四）、『太平記』（巻三十七）をへて、謡曲『一角仙人』、歌舞伎『鳴神』、曲亭馬琴《きょくていばきん》の読本《よみほん》『雲妙間雨夜月《くものたえまあまよのつき》』へと展開をとげたのであるが、その間の事情は、岩本裕『仏教説話の源流と展開』（「仏教説話研究」第二巻、開明書院、昭和五十三年、二七九―二九八頁）（『仏教説話』、筑摩書房、昭和三十九年、一七一―一九〇頁に収められたものとほぼ同一）に詳述されている。その他の主な参考文献には次のようなものがある。
平等通昭『印度仏教文学の研究』（二、昭和四十八年、一四三―三一七頁）
青江舜二郎『日本芸能の源流』（岩崎美術社、昭和四十六年、三五―七一頁）
田中於菟弥「一角仙人――その源流と流伝について」（「観世」昭和四十九年、六月号、四―九頁）
欧文で書かれたものとしては、Heinrich Lüders の研究（*Philologica Indica*, Göttingen 1940, S. 1-43 '47-73）〔一九〇一年と一八九七年に発表されたもののリプリント〕が重要である。
なお、その他の参考文献については、湯山明「Mahāvastu-Avadāna に関する書誌学的雑録」（「名著通信」、1978, Vol.3, No.11）二九頁を見よ。
数多いジャータカのうちで、特に一角仙人の話を取り上げた理由は、それが最もよく知られた重要な説話の一つであるということもあるが、しかつめらしい仏典の中にはこのようなものも含まれている、ということを示したかったからでもある。この話を読んで、仏典に対する緊張を解いていただければ幸せである。
（上村勝彦）

ミリンダ王の問い——インド人とギリシャ人の対論

東西思想の対決

ある思想を問答体で記述するのは、洋の東西を問わずしばしば用いられてきた形式であり、インドの思想書についても、特に珍しい形式とはいえない。しかし、その問答を行うのが、自問自答やインド人同士の討論ではなく、ギリシャ人の王とインド人の仏教僧との対決となってくると、いささか異色なものといわねばならない。

古代ギリシャとインドとの政治交渉としては、アレキサンダー大王のインド遠征が有名であるが、マウリヤ王朝解体後の西北インドは、ギリシャ人の諸王によって支配されたのであった。彼ら諸王のうち、インドの文献にその名をとどめたのは、紀元前二世紀後半にその地方を統治したメナンドロス王である。

メナンドロス王は、すぐれた帝王として知られ、またかなりの知識人であったらしい。このメナンドロス王こそ、パーリ語文献においてミリンダ王と呼ばれる人物なのである。『ミリンダ王の問い』は、メナンドロス王とナーガセーナという名の仏教僧との対話篇であり、数ある仏教書のうちでも異彩を放つ仏典である。

この書の原型の成立は、西紀前一世紀ないし後一世紀とされる。パーリ語の聖典《せいてん》が現存するほか、これに相当する漢訳仏典として、『那《な》先《せん》比《び》丘《く》経《きょう》』が伝えられている。パーリ語本のはじめの部分が漢訳本とほぼ一致するので、その部分が原初の形を残すものとされ、他の部分は後世に付加されたと考えられている。

ミリンダ王とナーガセーナとの討論が、現実に行われたのか、あるいは創作されたものなのか、いまの私たちには、もはや知るすべがない。だが、『ミリンダ王の問い』に盛られた内容の豊かさと面白さとは、これを読む人にそのような詮索《せんさく》をすっかり忘れさせてしまう。そして、ギリシャ人の王と、インド人の僧が、丁々発止とやりあっている場面に、実際に臨んでいるかのような錯覚さえ起こさせるのである。

仏教書が難解であるといわれるについては、いろいろと理由があろうが、現代の私たち日本人が、西欧的な考え方のほうに慣れ親しんでいて、インド的なものの考え方には疎遠になっているということも、その一因ではないかと思う。

仏教に関する門外漢の一人として、ミリンダ王は、仏教的な思惟に率直な疑問をぶつけている。だから、ミリンダ王は、この書を読む時、現代人の代弁者の役割を果たすといえるのである。

ナーガセーナの解答は、全部が全部、私たちを納得させてくれるものではない。特に、後世に付加されたとされる部分には、現代人の目から見れば、荒唐無《こうとうむ》稽《けい》と思われるような議論もないではない。しかし、これは、時代の隔たりによって生ずるものとしてやむを得ないこととせねばなるまい。古い時代の考え方を知るという意味からすれば、それもまたそれなりに面白くも読めるのである。

国際間の交流が盛んになって、民族を異にする国々が、互いを理解することがせまられている現代にあって、比較思想という視点からして、『ミリンダ王の問い』が投げかける資料的な意義は、大きなものがあると言わねばならないであろう。

対論の開始

パーリ語文の序話には、対論開始のいきさつとして、こんな話を伝えている。

修行僧に質問をあびせかけて悩ませることで有名なミリンダ王が、ある時、アーユパーラという長老に、出家の意義について質問する。王の反論に対しアーユパーラが沈黙して答えられなかった時、王は、インドは籾殻《もみがら》のように空っぽで、対論して自分の疑いをはらすことのできる修行者は誰もいないのか、と言って慨嘆する。

大臣デーヴァマンティヤは、王に、ナーガセーナという長老が智慧あり、弁舌さわやかで、王様の疑問をはらすことのできる人である、と助言する。そこで王は、ナーガセーナ長老のもとへ出向き、ここから二人の対論が開始される。

ナーガセーナにあいさつした王は、まず、彼の名前を尋ねる。かえってきた答えは、全く王の意表をつくものであった。

「大王よ、わたくしはナーガセーナとして知られています。しかし、この〝ナーガセーナ〟というのは名のみにすぎず、そこに人格的個体は認められないのです」

ミリンダ王でなくとも、この答えには驚かされるであろう。向き合って話している当人が、自分は人格的個体でないと言いはなったのであるから。人格的個体がなければ、行為の主体となるのは、いったい何者なのであろう。

修行僧に必要な衣服や飲食物、寝具などを提供する者は誰か。それを受けて使用するのは誰か。修行するのは誰か。殺生するのは誰か。盗むのは誰か。行為主体がなければ、善悪なく、善悪の行為なく、行為の結果もまたないであろう。――こうした疑念を述べて王は尋ねる。

「〝ナーガセーナ〟と呼ばれるものは、いったい何者なのか。髪がナーガセーナなのか」

「大王よ、そうではありません」

「身毛がナーガセーナなのですか？」

「大王よ、そうではありません」

「爪がナーガセーナなのですか？」

「大王よ、そうではありません」

こうして王は、歯、皮膚、肉、筋、骨、等々、身体を構成するさまざまな部分の一つ一つをあげ、これらのいずれがナーガセーナであるのか問いただしてゆくが、ナーガセーナによってすべて否定されてしまう。次いで王は、物質的な形、感受作用、表象作用、形成作用、識別作用の一々がナーガセーナかどうか確かめ、それも否定されると、こんどはそれらの合したものがナーガセーナなのか、それらの結合とは別にナーガセーナが存在するのかどうか尋ねるが、結局のところ否定の答えしかかえってこない。

ミリンダ王は、〝ナーガセーナ〟という存在を見出すことができず、ついに、ナーガセーナが虚言を語ったのである、ときめつけてしまう。

これに対してナーガセーナは、反論を開始する。まず、王が歩いてきたのか乗り物できたのか尋ね、王が車できたと答えるとナーガセーナは言う。

「大王よ、もしもあなたが車でやってきたのであるなら、〈何が〉車であるかをわたくしに告げてください。大王よ。轅《ながえ》が車なのですか？」

「尊者よ、そうではありません」

「軸が車なのですか？」

「尊者よ、そうではありません」

「輪が車なのですか？」

「尊者よ、そうではありません」

こうして、車体が、車棒が、軛《くびき》が、輻《や》が、鞭《むち》が車なのかと追求が続けられるが、王はいずれも否定する。では、それらが合したものが車なのか。それらの合したもののほかに車があるのかという問いに、王は、否定の返答しかできない。ここに至ってナーガセーナは言う。

「大王よ、わたくしはあなたに幾度も問うてみましたが、車を見出し得ませんでした。

大王よ、車とはことばにすぎないのでしょうか？　しからばそこに存する車は何ものなのですか？　大王よ、あなたは『車は存在しない』と言って、真実ならざる虚言を言ったのです」

ナーガセーナは、王の論法をそっくり逆手にとって王をやりこめたのである。王は、轅その他によって〝車〟という名称が起ることを認めざるを得ないことになる。そこでナーガセーナは、身体の構成部分によって〝ナーガセーナ〟という名が生じ、人格的個体は存在しない、という答えを導き出す。王はついにカブトを脱ぎ、その解答の見事なことをほめたたえる。（以上、第一篇、第一章、第一節）

このようにして、立ち上がりから、ミリンダ王は、ナーガセーナに一本とられた形になってしまうのである（ただし、この論法が伝統的なアビダルマ教学による無我説とは趣旨を異にしている点については、中村元『インドとギリシャとの思想交流』三二七頁以下参照）。

出家の目的

ミリンダ王にとっての大きな疑問の一つは、出家の意義についてである。どうして出家修行せねばならない必然性があるのであろうか。アーユパーラ長老が沈黙して答えられなかったこの質問を、王は、ナーガセーナに対しても向けている。

「尊者ナーガセーナよ、あなたがたが出家したのは何のためですか？　また、あなたがたの最上の目的は何ですか？」

「大王よ、『願わくは、この苦は滅せられ、他の苦は生ぜざらんことを』というこの目的のために、われわれは出家したのです。実にわれわれの最上の目的は、生存に執することと無き完全な涅槃《ねはん》であります」

王は、この答えに満足せず、舌鋒《ぜっぽう》するどく切りこんでゆく。

「尊者ナーガセーナよ、しかしかれらすべてがこの目的のために出家するのですか？」

「大王よ、実際はそうではありません。或る人々は盗賊におびやかされて出家し、或る人々は負債に苦しめられて出家し、或る人々は生活のために出家します。しかしながら正しく出家する人々は、この目的のために出家するのです」

この解答には、当時の出家の事情が反映していると思われるが、出家修行は、純粋な目的からのみ行われたものではなかったのである。それでは、ナーガセーナ自身はどうなのか、と王はたたみかけてゆく。

「尊者よ、それではあなたはこの目的のために出家なさったのですか？」

「大王よ、実はわたしは幼年にして出家しました。だから、まさにこの目的のために自分が出家したのだとは知りません。しかしながら、わたしはこのように思いました、『これらのしゃもん・釈子の徒は賢者である。かれらはわたしを修学せしめてくれるであろう』と。それでわたしは、かれらに修学せしめられて、『出家するのは実にこの目的のためである』と知り、かつ見たのです」

「もっともです、尊者ナーガセーナよ」（第一篇、第一章、第五節）

ミリンダ王は、あっさりと質問の矛を収めてしまっているが、はたして本当に納得したのかどうか疑問である。王は、出家の意義を理解したというより、ナーガセーナの返答を聞いて、その正直な人柄に感じ入るところがあったのではないだろうか。

人間の平等と不平等

人間が、わけへだてなく平等に生きていける、ということは人類の理想であるが、現実の社会において、それが実現されることは、簡単なことではない。多くの人々の間に、はなはだしい差別が存することは、ミリンダ王にとって大きな疑問であった。この問題についての応答を以下に眺めてみよう。

「尊者ナーガセーナよ、いかなる理由によって人々はすべて平等ではないのですか？すなわち、或る人々は短命で、或る人々は長命です。また或る人々は多病であり、或る人々は病が少ないです。或る人々は醜怪ですが、或る人々は端麗です。或る人々は力弱く、或る人々は力が強い。或る人々は財少なく、或る人々は財が多い。或る人々は卑《ひ》賤《せん》の家に生まれ、或る人々は高貴の家に生まれます。或る人々は愚かであり、ある人々は賢明です」

「大王よ、なぜ樹木はすべて平等ではないのですか？〈それらの果実についてみるに〉、或るものは酸っぱく、或るものは塩からく、或るものはにがく、或るものは辛く、或るものは渋く、或るものは甘いです」

「尊者よ、それはもろもろの種子が異なっているからだ、とわたしは思います」

「大王よ、それと同様に、〈宿〉業の異なることによって人々はすべて平等ではないのです。すなわち〈その故に〉或る人々は短命で、或る人々は長命です。(中略)大王よ、世尊はこのことをお説きになりました。——『バラモン学生よ、生けるものどもは、それぞれ各自の業を所有し、業を相続するものであり、業を母胎とし、業を親族とし、業をよりどころとしている。業は生けるものどもを、賤《いや》しいものと尊いものとに差別する』と」

「もっともです、尊者ナーガセーナよ」(第一篇、第四章、第三節)

ナーガセーナの解答は、人間の不平等を過去に積まれた業の結果として肯定しているが、初期仏教の主張は、人間の平等を高らかに唱導していた。例えば、『スッタニパータ』においては、「生れによってバラモンなのではない。生れによって非バラモンなのでもない。行為によってバラモンなのである。行為によって非バラモンなのである」(六五〇)と説いて、生まれによるバラモンの社会的優越性を、まっこうから否定し去っている。

たしかに、過去の宿業という説をもってすれば、現実の人間の不平等を説明しやすい。しかし、現実の世で善業を積めば必ずよい報いがあるとして善を勧める場合には意義のある業説も、現実の姿は過去の業によるのだからしかたがないのだ、と説くときには一種のあきらめ主義に陥る危険性がある。ナーガセーナ長老の答えは、当時のインドの社会事情のあらわれとみられるが、業説のもつ消極的な一面には注意を払う必要があろう。

身体は傷である

仏教では、「われ」とか「わがもの」とかいう思いを去れと主張するが、それでは、自分の身体についてはどのように考えるのであろうか。自分の身体をいとおしいものとして執すれば、教えに反することとなる。また、もしも身体が厭《いと》うべきものであるとすれば、どうしてそれを捨ててしまわないのであろうか。――これがミリンダ王の疑念であった。これについての応答は、次のようである。

「尊者ナーガセーナよ、出家者にとって身体はいとしいものなのですか？」

「大王よ、出家者にとって身体はいとしいものではありません」

「尊者よ、それでは何故にあなたがたは〈身体〉を愛惜し、わがものとして執するのですか？」

「大王よ、あなたはいつかどこかの戦いに臨んだとき、矢にあたったことがありますか？」

「尊者よ、そうです。あります」

「大王よ、その傷痕《きずあと》に膏《こう》を塗り、油を塗り、柔らかい繃帯《ほうたい》を巻きましたか？」

「尊者よ、そうです。膏を塗り、油を塗り、柔らかい繃帯を巻きました」

「大王よ、膏を塗り、油を塗り、柔らかい繃帯を巻いたことからみると、傷痕があなたにとっていとしいものなのですか？」

「尊者よ、わたくしにとって傷痕がいとしいのではありません。そうではなくて、その肉がもり上がるために、膏を塗り、油を塗り、柔らかい繃帯を巻くのです」

「大王よ、それと同様に、出家者にとって身体はいとしいものではありません。出家者は〈身に〉執着しないけれども、清浄なる修行を助成するために、身体を保護するのです。大王よ、実に尊き師は『身体は瘡《そう》（傷痕）のようなものだ』と説かれました。それ故に出家者は〈身に〉執着しないけれども、身体をあたかも傷痕のように保護するのです。大王よ、尊き師はこの〈詩句〉をお説きになりました。

『〈身は〉湿潤なる膚《はだ》に被《おお》われ、九つの門ある大いなる瘡なり。不浄にして悪臭あるもの、到るところより流出す』と」

「もっともです。尊者ナーガセーナよ」（第二篇、第六章、第一節）

修行僧は身体に執着しないが、修行を完成させるために身体を大切にするということを傷にたとえて、ナーガセーナは見事に答えている。

修行の時機

出家の目的についてのナーガセーナの答えに、一応は「もっともです」とうなずいたものの、ミリンダ王にとって出家修行にいかなる意義が存するのかという疑問は、どうしてもぬぐい去ることのできぬものであった。苦しみが到来するのであれば、苦しみがやってきてから修行すればよいではないか。時が到来した時に、出家修行はなされるべきであろうと、王は尋ねる。

「大王よ、時が到来してはじめてなされる努力は、実はなすべきことをなさないのです。あらかじめなされる努力こそ、なすべきことを為すのです」

「大王よ、あなたはどうお考えになりますか？　あなたは、渇したときになってはじめて『わたしは飲料水を飲もう』といって井戸を掘らせ、貯水池を掘らさせますか？」

「尊者よ、そうではありません」

「大王よ、それと同様に、時が到来してはじめてなされる努力は、実はなすべきことをなさないのです。あらかじめなされる努力こそなすべきことをなすのです」（第一篇、第四章、第四節）

こうしてナーガセーナは、空腹になって初めて田を耕作させるか、戦いが起こった時に初めて塹壕《ざんごう》を掘らせるかという質問を重ね、それを王に否定させた上で、努力はあらかじめなされるべきことであると結んで王を納得させる。

ナーガセーナの譬喩《ひゆ》の巧みさは、『ミリンダ王の問い』の全篇を通じて遺憾なく発揮されている。

文献

『ミリンダ王の問い』の全体をパーリ文から現代日本語に訳出しているのは、次の書である。

中村元・早島鏡正共訳『ミリンダ王の問い』三巻、(平凡社、東洋文庫、7・15・28)。昭和三十八―九年。

ここでは、すべて右の書から引用した。この訳書には詳細な訳註が付せられており、第一巻および第三巻の巻末にある解説は、有益である。

比較思想という観点から考察を加えた労作として、次の書がある。

中村元『インドとギリシャとの思想交流』(春秋社、中村元選集、第十六巻)。昭和四十三年。

(松本照敬)

II　大乗の経典

般若心経——仏教のエッセンス

経名について

『般若心経』は僧俗の間で『法華経』と並んで仏教経典の中で最も有名な経典だといえる。宗派によって読誦《どくじゅ》する経典はまちまちだが、この経典だけは、浄土真宗以外の諸宗派では共通して読誦されているようである。

この経典の名称は正しくは『般若波羅蜜多心経』というが、一般には『般若心経』と略称されている。さらに僧侶《そうりょ》の間では『心経』とも呼ばれている。

寺院で読誦する『般若心経』には、『摩訶《まか》般若……』とか『仏説摩訶般若……』というように「摩訶」「仏説摩訶」などを付け加えているが、これらは『般若心経』が日本に将来されてから付加されたものだろうといわれている。日本で一般に流布している『般若心経』は、玄奘三蔵《げんじょうさんぞう》が原典から漢語に翻訳したものであるが、それには

「摩訶」とか「仏説摩訶」とかの文字は見えない。

ところで漢語に翻訳された『般若心経』はいくつかあるが、それらの翻訳を見ると、経名をはっきりと最初に記している。しかし原典を見ると、経名はどこにも見当たらない。翻訳者たちは経典の末尾にある「般若波羅蜜多《はんにゃはらみった》心《しん》を竟《おわ》る」とある文を冒頭に持ってきて、それを経名にしたらしい。

経名の意味

『般若波羅蜜多心経』の意味は「智慧《ちえ》の完成」の精髄を述べる経典ということになる。

般　若　プラジニャー（prajñā）の音写語、智慧の意。
波羅蜜多　パーラミター（pāramitā）の音写語、完成の意。
心　フリダヤ（hṛdaya）の音写語、心臓・精髄の意。
経　スートラ（sūtra）聖典《せいてん》の意。

これらを原語でまとめると、プラジニャー・パーラミター・フリダヤ・スートラ(prajñā-pāramitā-hṛdaya-sūtra) となるが、先述のように、原典では経典の末尾にプラジニャー・パーラミター・フリダヤム・サマープタム (prajñā-pāramitā-hṛdayam samāptam）とあったのを、サマープタムをスートラに改めて経名にしたものである。ちなみに般若波羅蜜多を意訳した漢語訳の例を見ると、『大明度経《だいみょうどきょう》』というのがある。大はマハー（mahā）で、明はプラジニャー（prajñā）で、度は（この語は〈彼岸に到達した〉の意味）パーラミターである。これも「偉大なる智慧の完成を述べた経」という意味である。『大智度論』という文献も同じ意味の論書のことである。これらは原語の意訳だが、多くは原語を音写した般若波羅蜜多の訳語が用いられている。

般若心経とは

仏教の法門は八万四千あるといわれる。これらを全部読み尽くすことは困難であるから、インドの秀《すぐ》れた学僧がこれら八万四千の法門を要約し、まとめたものが、『般若心経』であるといわれる。しかし、実際にはこの経典は大きな般若経典の中から一部を抽出して、それに前後の文句を付加してできあがったもののようである。つまり八万四千といわれる種々の仏教の法門の抜粋ではない。というのは、仏教文献の中にはいろいろな教理を説明したものがあり、その中には重要な術語が多数出てくる。それらすべての教理の要約であるとすれば、それなりの教理や術語が盛り込まれていなければならないが、この経典は般若経典類の思想の要約であって、すべての教理の要約ではない。したがって『般若心経』は八万四千の法門を要約した経典だとは厳密にはいえないのである。ただ仏教の基本的思想である空の理法を説き、その内容を簡潔にまとめ、おさえている点では八万四千の法門の要約経典とはいえるであろう。

今日流布している漢語訳の『般若心経』は多くは玄奘三蔵の翻訳だが、これの原典であるサンスクリット写本は日本の法隆寺《ほうりゅうじ》に保存されているもののほかには、インドにもアジア諸国にも現存していない。

推古《すいこ》天皇十七年、西紀六〇九年に中国から伝来したもので、この写本が法隆寺で発見されたことはインド古文書学の驚異であったばかりか、学問的意義も高く、古代インド文化史解明に大きな光を与えた。法隆寺の写本から日本では六種の写本がつくられ、特に慈雲《じうん》尊者が宝暦十二年木版にしたものは『梵学津梁《ぼんがくしんりょう》』に収められているが、重要なものである。この法隆寺写本のあとに、最澄《さいちょう》、円仁《えんにん》などの将来した梵本《ぼんぽん》を校訂した澄仁本《ちょうにんぼん》系の写本が現在九種ある。

『般若心経』として現在流布するものは小本というが、実はこれより字数の多い大本の『般若心経』がある。

これの原本は弘法大師《こうぼうだいし》の弟子慧運《えうん》が西紀八四二年に入唐《にっとう》して西紀八四七年に帰朝し

た際に将来したもので、高野山正智院《こうやさんしょうちいん》に保存されていたといわれる。内容についていえば、小本・大本ともに大同小異である。形式からすれば、大本は「如是我聞」（私は次のように聞いた）という出だしであるが、小本にはこの部分がない。つまり、「如是我聞」は経典の出だしのきまり文句であるが、小本はこの当然の形式を踏んでいない。経典というのは釈尊の説法を聞いた弟子たちが編纂《へんさん》したものであるから、「如是我聞」という一句を入れないと、弟子自身が述べたようなものになってしまうのである。経典は釈尊の説法をそのまま記録しようとしたものだから、説法の場所、聞法した人たち、説法の内容、それに直接、釈尊と問答した人物などについて記述されるのである。そこで経典を編纂する人は「如是我聞」という一句を必ず冒頭に書き入れなければならないのであるが、小本はこの形式をとっていないのである。

小本・大本の両サンスクリット原文は、中村元・紀野一義訳註《やくちゅう》『般若心経・金剛般若経』（岩波文庫）の一七二—三頁（小本）と一七五—七頁（大本）に記載されている。興味ある方は漢語訳と対照して読まれるとよいであろう。

『般若心経』はサンスクリット語で書かれたものが原典だが、これは漢語、チベット語、蒙古語などに古くは翻訳され、近代になり、日本語には勿論《もちろん》、英・仏の言語にも翻訳されている。

般若心経の註釈

原典が翻訳されると同時にそれの註釈《ちゆうしやく》や研究が盛んに行われた。かつて中国では七十七部の註釈があり、日本でも四十五部の註釈があったと、『昭和法宝総目録』第一巻（二一七―二一八頁）に書名を記載している。註釈者の中には、唯識学派・法相宗・華厳宗・天台宗・禅宗・三論宗などの学僧がおり、彼らは各々の立場から『般若心経』を解釈している。この経典の思想を高揚する人もあれば、批判する人もいる。特に玄奘門下の異端者圓測《えんじき》（六一三―六九六年）は、自分の法相学《ほつそうがく》に立脚して般若空観を批判註釈している。八万四千の法門を要約した『般若心経』でも学派によっては批判されているのである。

『般若心経』の註釈は中国、朝鮮、日本では漢語で表現されたが、禅僧の一休宗純《いつきゆうそうじゆん》（一三九四―一四八一年）は平易なカナ和文で註釈を加えた。彼の『般若心経解』一巻（『日本大蔵経』第十巻、般若部疏）にある一文を紹介すると、

仏コノ経ヲトキ給フコトハ、ハンニャ本覚ノ智慧ヲモッテ、一切ノ衆生ヲシテ妄心妄念ヲ除キ正サシメテ、生死大海ノコノ岸ヲワカレテ、不生不滅ノネハンノ彼岸

ニイタラシメテ、衆生ヲシテ本心本性ヲ見セシメンガタメナリ。

というような調子の和文である。脱俗平易の教化をもって民衆に親しまれたと伝えられる彼は、この和文をもって深遠な般若の哲理を分かりやすく説明したのである。後代に出た盤珪永琢（一六一九―一六九〇年）という禅僧も『般若心経』を日本人の平生のことば（平語）で説明し、『心経鈔』（『国文東方仏教叢書』第三巻所収）を著した。近代の日本の仏教学者はこの書を重要と考えなかったのか、『大正新脩大蔵経』続篇、『日本大蔵経』、『大日本仏教全書』などの叢書《そうしよ》に入れていない。『般若心経』は儒者によっても註釈されている。清《しん》代の王起隆という儒者は『般若心経大意』一巻（『卍続蔵経』一・四二・一所収）の中で、この経典を註釈する理由として、儒教と仏教とを混乱するのでもなく、またこの両宗教を並べて本とするのでもなく、いずれか一方に固執する態度をさけるためであるから、と述べている。他教のものによってもこの経典は関心がもたれていたことが分かる。

般若心経の功徳

さきに紹介したように『般若心経』を註釈した書物は数多いが、それら註釈書の中には、『般若心経』の功徳がはかり知れないほど多大であることを強調するものが少なくない。例えば、『般若波羅蜜多心経還源述』一巻（『大正蔵経』第八五巻所収）は玄奘三蔵訳本の註釈書であるが、これの最後の部分に、

玄奘三蔵はこの経典を受持されてすぐれた霊験を経験された。このことによってこの経典は一般に流布した。だから清浄な心をもって身を清め、清潔な衣を着て正身端坐《たんざ》して、この経典を一回に五百遍読誦するならば、九五種の邪道を除去することができ、またこの経典に随従して生活すれば一切の苦厄から解脱することができる。（要約）

と述べている。

では玄奘三蔵の経験した霊験はなんであったかというと、他の註釈書である明代の弘賛述『般若心経貫義』一巻（『卍続蔵経』一・四一・五所収）の「附大般若経受持功徳」のところに、

玄奘三蔵がインドに渡るとき、途中は飛ぶ鳥もなく、獣にも出会うことなく、水草もないところを自分の影を伴友にして行った。その間、三蔵は観音菩薩《かんのんぼさつ》を念じ、『般若心経』を口ずさんでいた。ある時、悪鬼どもに遭遇し、前後を囲まれてしまった。そこで彼は観音菩薩の力をたよりに助けを念じたが一向に効めがなく、悪鬼

は退散しなかった。次に『般若心経』の威力を信じ口誦《こうしょう》すると、悪鬼どもは恐れの声を発して一目散に逃げ去った。おかげで三蔵は難を免れた。という『般若心経』の霊験を玄奘三蔵は受けたことを記している。

観音菩薩は『般若心経』の中に出てくる菩薩で般若波羅蜜多の体現者ではあるが、その菩薩も所詮《しょせん》、経典の中の登場人物にすぎなく、霊験の効能は経典そのものにあり、経典を口誦することがすぐれた霊験を現すことを強調している。

この同じ註釈書に『般若心経』を受持し読誦するならば、解毒、治病、除災などの霊験もあり、先世の罪業も消滅する効能が見られるとも述べている。

さらに、『般若心経』を一人だけで読誦し記憶したりすることも効験があるけれども、この経典を写経して、それをほかの人に与え、説明するならば、その功徳は多大でなんらかの霊験を得るはずだとも述べている。

また、謝承謨述『般若心経易解』一巻（『卍続蔵経《まんじぞくぞうきょう》』一・九五・五所収）には、往生浄土神呪《じんしゅ》という真言を註釈の最後に示し、これの真言と一緒に『般若心経』の末尾にある「ギャーテー・ギャーテー・ハーラーギャーテー・ハラソーギャーテー・ボージー・ソワカ」という真言を唱えると、速やかに極楽浄土へ往生することができる霊験を得ると書いている。

右に紹介したものはわずかな例だが、註釈者たちは『般若心経』の霊験はあらたかであることを註釈を通して種々述べているのである。

般若心経の思想

『般若心経』も含め、一体に『般若経』はその組織がほとんど小乗仏教の内容にもとづいているが、たとえば法数や名目などを本来実体がないものとするところに『般若経』独自の立場がある。だからその否定は単なる否定ではなく、ものを真実のすがたに生かす根拠を教えているといえる。そのところを空という一字で表現するのであるが、ところが空の観念に固執すると、今度は空というものに迷うことになる。これを空病にかかったという。

そこでさらに空もまた空であると否定し続けなければならない。あらゆる固定した対立を排除して、実体に固執することもなく、また空に固執することもない中道を『般若経』は教えている。これを諸法実相という。つまりすべてのものは真実そのものであるということである。

『般若心経』の叙述にそって経典の思想を説明してみよう。

観自《かんじ》在《ざい》菩薩は般若波羅蜜多（智慧の完成）を実践していたときには、すべてこの世界に存在するものは、本性上、永遠不滅なる実体をもたない五つの構成要素から成り立っていることを理解していた。つまり形あるものや形のないものすべての存在に対して、我々は名称をつけ、概念規定をしているが、それらすべてのものは本性上実体のないものであるから、それらにつけた名称も規定された概念もみな虚構にすぎないのである。

物質的要素も精神的要素（感覚・表象・意志・知識）もすべて実体がないのである。逆に実体がないというのは、物質的要素と精神的要素とを離れているのではない。つまり物質的要素も精神的要素も実体を離れて物質的要素であったり精神的要素であったりするわけではない。実体がないということ、すなわち空であるということは物質的要素であり精神的要素であることを意味するのである。

この現象世界に存在するものの特性とは、実体がないということにほかならない。したがって、この現象世界に存在するものに、生じたり滅したり、汚れたりきれいになったり、数や量が増えたり減ったりする性質は本来ないのである。

実体がないという見地に立てば、これが物質的要素であり、これが精神的要素であり、これが感覚器官（眼《げん》・耳《に》・鼻・舌・身・意）であり、これが感覚の対象（色・声・

香・味・触《そく》・法）であり、これが感覚器官の領域であるというように実体視したり、固執するものはないのである。つまり私の身体・私の心・私の感覚器官というような「私のもの」と観念するものがどこにもないのである。なぜなら本来「私」という実体もないのであるから。もっと詳しく言えば、私を構成するもの、私をとりまくすべてのものというものが本性上実体がないのであるから、「私のもの」と観念することは迷いである。「私」という実体がない「私」が、実体のない私を構成するもの、私をとりまくものを「私のもの」と観念することは錯誤であり、迷いである。実体のない要素によって構成するところに「私」という実体があるわけがないのだから。したがって「私のもの」という観念は成り立たないのである。

また、修行してめざすさとりも、修行によって厭離《えんり》すべき煩悩も本来ないのである。さとりに固執すれば、それはさとりを実体視したことになり、煩悩は厭離すべきものだといって執拗《しつよう》に固執すれば、これも煩悩を実体視したことになる。さとりも煩悩もいずれも本来実体がないものである。だからさとりを見失うとか、煩悩が消え去るということもいえない。本来ないのだから。

老いるという観念も死ぬという観念も所有してはならない。本来、老いるとか死ぬとかいう実体がないのである。老とか死とかいう概念は仮名《けみょう》にすぎないのである。老いるという観念も死ぬという観念も我々の勝手に所有する観念にすぎなく、本来、これが老とかこれが死とかいうものはない。すべて相対的にものを見るところから生まれた観念にすぎない。老若・生死という相対的概念は人間の観念から生まれたものである。何が老で何が若であるのか、何が生で何が死であるのか、実際に我々は分別して説明できるのであろうか。老と若とか、生と死とかいう区別は一応の区別にすぎないのである。本来、老若の概念も、生死の概念もなかったのであり、それらの実体など本来なかったのである。したがって不老長寿を願う必要もなく、死を厭《いと》う必要もないのである。

また、苦の観念にとらわれてもならない。なぜなら苦という実体も本来ないのだから。したがって苦の原因もないのである。苦の原因がないのだから、苦の生ずることもなく、苦をなくす方法さえ必要がない。

すべてのものは実体がないのだから、なにかを知ろうとか、なにかを取得しようとかいう観念さえ所有してはならない。知りたいもの、取得したいものが本来ないのだから、知りたいこと、取得したいという願いさえ起こす必要がないのである。

このように修行し心を安住し続けるところを般若波羅蜜多、つまり智慧の完成という。智慧の完成といっても、これですべて終わりというのではない。パーラミター

（波羅蜜多）は完了形の語形で到達・完全・完成という意味であるから、これで終了という意味にとられやすい。しかし、このパーラミターの語は完成のない完成のことを意味する。空もまた否定し続ける意味のパーラミターである。智慧の完成とは先述来の、すべての存在は無実体空という実践を持続することである。これは『金剛般若経』においてさらに詳しく説明されている。

この般若波羅蜜多に安住する人はものに心をうばわれて迷うことがない。心に迷うものがないから、ものごとを逆さに見ることがない。つまり錯覚がないのである。その人は永遠の安らぎに落ち着くことになるであろう、と結んでいる。

真言

『般若心経』には般若波羅蜜多の真言を口誦するものは、すべての苦厄から解放されると述べている。その真言とは、

掲帝《ギャーテー》・掲帝《ギャーテー》・般羅掲帝《ハーラーギャーテー》・般羅《ハラ》僧掲帝《ソーギャーテー》・菩提《ボージー》・僧莎訶《ソワカ》

gate　gate　pāragate　pārasaṃgate bodhi svāhā

漢字の読みは読経時の読み方である。サンスクリット語の読み方は「ガテー・ガテ

ー・パーラガテー・パーラサンガテー・ボーディ・スヴァーハー」となる。意味は「往《い》ける者よ、往ける者よ、彼岸に往ける者よ、彼岸にまったく往ける者よ、さとりよ、幸あれ」（中村元訳）ということで、言っていることはパーラミターの通俗的解釈にすぎない。意味は通じなくともやはり音写語で読んだほうがありがたい感じがする。

さきに紹介した『般若心経易解』によると真言とは仏の密語であるから凡夫の知るところのものではなく、ただ仏同士の間においてのみ理解されるものであり、だからあえて翻訳されていないのだといっている。また真言は鬼神王の名のようなもので、その名を聞けば人々は崇敬の念で王に随順するように、諸悪鬼はこの真言を聞いて降《ごう》伏《ぶく》するとも述べている。また真言は願であるという。つまり一切の祈願を成就するからである。

とにかく真言は霊験あらたかであるから、暗誦することができるようにしておくとよいのかもしれない。

（田上太秀）

金剛経――あらゆる観念を断つ

大麦小麦二升五合

『金剛経』は古来、インド、中国、朝鮮、日本に知られ、読誦された経典の一つである。六百巻の『大般若波羅蜜多経』のように厖大《ぼうだい》でもなく、『般若心経』のように簡略でもなく、いわゆる長すぎるでもなく、短かすぎるでもなく、すこぶる要領を得た経典だといえよう。平常これを読誦し、人々に仏教の教えを説き示すには、最も恰好《かっこう》な経典である。

この経典の中に「応無《おうむ》所住而生其心《しょじゅうにしょうごしん》」という有名な文句がある。この意味についてはあとに述べるが、これはこの経典のエッセンスであり、一種のお題目ともいえる重要な文句である。したがって、経典のすべてを読誦しなくとも、この一句を口誦するだけで『金剛経』の教えは言い尽くされているともいえるのである。

この経典は『般若心経』と同様に、霊験あらたかな経典だと言い伝えられているので、僧侶たちはこの一句を常に口誦するように在家の人々に勧めたらしい。文字を読み書きできない人たちにも、この簡単な文句はたやすくおぼえられたようである。

ある時、一人の僧が通りすがりに「おおむぎこむぎにしょうごごう」と口誦している老婆に出会った。彼には「大麦小麦二升五合」と聞こえてならないのである。老婆は念仏をしているように真剣に口誦しているのである。歌でもない。語りでもない。そこで僧は「あなたが口誦しているものは、どんな文句ですか」と尋ねると、老婆は「あるえらいお坊さんが、ありがたい『金剛経』とやらいうお経の中の文句で〈おおむぎこむぎにしょうごごう〉というのがあるが、これをおぼえて唱《とな》えていれば無病息災で往生できますと教えてくださったので、それをいつも唱えているのです」と答えた。僧はなるほどそれで意味が分かったと言って老婆と別れた、老婆は「おうむしょじゅうにしょうごしん」（応無所住而生其心）を「おおむぎこむぎにしょうごごう」（大麦小麦二升五合）と聞き違えておぼえてしまったのである。大変な意味の違いである。それでも老婆はまちがいとは知らずに一心にこれを口誦して心の安らぎを得ていたのであろう。

どのような形にしろ、在家の人々にも『金剛経』の文句は浸透していたことが伺われる。

金剛経の伝播

この経典は『法華経』や『般若心経』とともに多くの人々に信仰され読誦された。仏教が伝播《でんぱ》した国、インド、中国、チベット、蒙古、朝鮮、日本などの国で、この経典が存在しなかったところはない。

特に中国にこの経典が伝えられてから禅宗においては禅宗第五祖の弘忍以来、如来心地の要門として、この経典を師資相伝している。それまで達磨《だるま》大師《だいし》以来弘忍までに伝法されてきたのは、『楞伽経《りょうがきょう》』四巻本であったものが、弘忍は彼の弟子の一人慧能《えのう》に『楞伽経』の代わりに『金剛経』を授けたのである。ここで禅宗の流れは大きく変わったといわれている。

中国の禅僧の語録の中には、『金剛経』の文句がしきりに引用されており、これによっても禅宗で重要な経典であったことが知られる。特に中国隋末、唐初の頃には禅思想が最も盛んであった時代で、教徒の間にはこの経典に対する厚い信仰があったと考えられている。

日本では鎌倉時代、栄西《えいさい》や道元《どうげん》が宋から帰り、禅を高揚するようになってから、宗要として重視された。それ以前にも『金剛経』は日本に将来されていたが、特別な扱いを受けて信仰されたとはいえない。

中国では禅宗に限らず、三論宗、法相宗、華厳宗、天台宗などの仏教宗派は勿論のこと、道家、儒家などの外教にも重視され、明や清の時代には多くの研究家が現れた。信仰された地域も一地方に盛んに信仰されたのではなく、中国南部や北部の地方、中部地方など広い範囲に伝播した。

金剛経の経名

『金剛経』の原典はサンスクリット語で書かれ、「ヴァジラチェーディカー・プラジニャーパーラミター・スートラ」（Vajracchedikā-prajñāpāramitā-sūtra）が原典名である。

ヴァジラ（vajra）とは金剛石のことである。古来、金剛石の特質として堅・利・明の三つが考えられている。つまり、その性質が堅いのでどんなものでも破壊し、また鋭利であるからどんなものでも切断し、またその明るい輝きは宝珠の王とされるから、闇黒《あんこく》を照らし尽くすといわれている。このヴァジラを言語学・宗教学の先駆者フリードリヒ・マックス・ミュラーはダイヤモンド（diamond）と訳し、『金剛経』を「ダイヤモンド・カッター」（Diamond cutter）と英訳したのである。あるいは「ダイヤモンド・スートラ」（Diamond sūtra）と訳した人もいる。

これに対して、エドワード・コンゼという学者は、ヴァジラをヨーロッパ人がダイヤモンドというような物質として理解したようにはインドの仏教徒たちは考えていなかったと反論している。つまりヴァジラは多くの仏典の中では親しみ深いことばであって、このことばが使用されている個所ではすべて不可抗力の神秘的な落雷のように理解されており、それは受動的にも能動的にもいずれの意味にもとれるように使われているといっている。そこで彼は経典の名称を、

「落雷のように切断する完全な智慧の経典」

「落雷をも遮断する完全な智慧の経典」

と二通りに理解することができると述べている。これによると、前者の場合はヴァジラは般若（智慧）の譬喩《ひゆ》となるが、後者の場合はヴァジラは煩悩に譬《たと》えていることになり、全く逆の立場にヴァジラがおかれて理解されることになる。さきのマックス・ミュラーやほかの学者の理解は前者の意味にヴァジラを考えていることが分かる。

実は、唐代以前のものだといわれる、コータン語訳の『金剛経』が、高昌《こうしょう》の東南にあ

る千仏洞《せんぶつどう》で発見されたが、この経典名では、ヴァジラを煩悩に譬えて、「金剛に等しきすべての業と障礙《しょうがい》とを断ずるが故に能断金剛と名づく」とされている。

ところで中国の翻訳者たちの訳した経典名はどうなっているだろうか。年代順に列挙すると、次のようになる。

鳩摩羅什《くまらじゅう》訳—金剛般若波羅蜜経
菩提流支《ぼだいるし》訳—金剛般若波羅蜜経
真諦《しんだい》　訳—金剛般若波羅蜜経
達摩笈多《だつまぎゅうた》訳—金剛能断般若波羅蜜経
玄奘《げんじょう》　訳—能断金剛般若波羅蜜多経
義浄《ぎじょう》　訳—能断金剛般若渡羅蜜多経

前の三つは略して翻訳されているが、それらは金剛と般若とを同格に見て、金剛を般若の譬喩と考えている。達摩笈多の漢訳本は直訳本であるが、経典名も直訳しているようで、しかも金剛を般若の譬喩と考えているようである。つまり金剛石がすべてのものを能断するような般若波羅蜜と解釈したものといえる。玄奘と義浄の二人は唐代の人たちだが、彼らは金剛を煩悩に譬えているようで、金剛と般若とを同格には見ていない。金剛石をも能断するような般若波羅蜜という意味にとっている。

このようにこの経典の原典名を漢語訳した人たちの中では二通りに解釈があったことが分かる。今日、わが国ではどちらかといえば学者は玄奘・義浄の訳に従って理解しているが、普通は読誦、講読の際のテキストに鳩摩羅什の訳本が使われているので彼の訳の意味が一般的といえよう。

金剛経の特色

大乗経典は釈尊の精神を伝えるものではあるが、経典自体は釈尊の直弟子によって書かれたものではない。経典の中に「世尊言《いわ》く……」という表現があるが、釈尊の直々のことばを聞いて書き残したものではない。過去の阿含《あごん》経典の形式を模倣してつくられた新作経典である。

経（スートラ）とは聖者の真言を書き記したものという意味だから、「何々経」という以上、仏教の場合は当然、釈尊の教えを直々に聞いた人が、それを記録したものでなければならない。阿含経中のいろいろの経典の多くはその意味で直々の弟子たちが聞法したものを暗誦し、のちに記録したものである。だから最初に「如是我聞」（私は次のように聞いた）という文句で書き出されているのが普通である。

ところが種々の大乗経典は釈尊がなくなってから、五、六〇〇年以降に作成されたものである。それらを作成した人たちは、はるか昔の釈尊を偲《しの》びながら経典を作成したのである。『金剛経』もその中の一つであって、この経典も記録ではなくて、模造されたのである。作者は「如是我聞」の形式を踏んでいるが、ほかの大乗経典の多くも同じ形式をもって書き出されている。

経典のいま一つの形式は釈尊の説法場所とそこに集まる人たちの種類と人数とが示されていることとである。原始仏教教団における弟子たちの最初の確定数は一二五〇人だと伝えられている。そこで大乗経典では釈尊をとりまく聞法者は一二五〇人の弟子を中心にして述べられているが、それらは比丘僧《びくそう》として表現され、さらに万・億という単位で菩薩や仏や、六道の衆生、八部衆などが登場している。説法の会座に集まる衆生も仏・菩薩・比丘も天文学的数字の人数である。これが大乗経典の特色の一つでもあるが、ところが『金剛経』はこれに反してただ一二五〇人の比丘僧をあげるだけで、小ぢんまりした会座衆を書いている。これは原始仏教経典一般の書き出しの形式と全く同じで、大乗経典らしくない特色を持っている。

この経典は経済的余裕のある人々を対象に書かれたものではないか、という分析が中村元博士によってなされている。つまり仏塔崇拝が盛んであった当時において、塔《とう》廟《びょう》に欄楯《うんじゅん》や石柱や笠石《かさいし》を寄進するような仏教信者は経済的に富裕な人であったに違いないのである。そのような高価な寄進をしなければ仏の功徳が得られないのであれば、貧乏人はいつまで経っても救われないことになる。そこで経典ではそのような寄進することよりは、この経典を読み、口誦するほうがより一層功徳が多大であるといって富裕な人々に信仰を勧めているのである。ここに経典崇拝、経典奉持の修行が強調されてきた。

この経典は前に述べたように大乗経典というイメージがあまり浮かんでこない。この経典には「大乗」（マハーヤーナ）とか「小乗」（ヒーナヤーナ）という術語を用いていないのが特色である。とりわけ大乗・小乗という差別観念の上に立った経典でないことが分かる。つまり経典自身、小乗に対する大乗という意識がないといえよう。

また、経典全体、その内容は空の教えを説いていることは自明のことだが、文中、「空」（シューンニヤ）の用語を一度も用いていないのも特色である。これは空という用語が確立していない時代に成立した経典であるからとか、空という思想を説く般若経典類とは別の般若経典類に属する経典であるからとか、いろいろの説がある。

また、この経典は大乗菩薩の生活と修行について述べているが、菩薩が説かれていればそこに「菩提心《ぼだいしん》」（ボーディチッタ）の用語が出ているはずである。ところがこの用語が一つも出てこない。「この上ない正しいさとりへ向けて心を起こす」という表現は一回だけ見られるが、しかし、これは原始仏教以来用いられている定型的表現で大乗仏教特有のものではない。これに対して「菩提心」の用語は大乗仏教特有のものである。これがこの経典にないことは大乗的色彩が薄いといえるのである。

金剛経の教え

とらわれのない心

菩薩の心にはとらわれ、はからいがあってはならない。とらわれの心を起こすことは迷いとされる。そこで「何ものにもとらわれた心を起こしてはならない」（第十章c）と教えている。具体的には形や声や香りや味や、触れるものや、心の対象などの、六つの感覚器官に対する対象物に心をうばわれ、とらわれてはならないというのである。六つの対象物には実体がないからである。実体のないものは無常で変幻するものである。無常変幻するものにとらわれると、それらに裏切られることになる。

そこで菩薩には「〈ものという想い〉も起こらないし、同じく〈ものでないという想い〉も起こらない」（第六章）のである。つまり、ものといわれるもの一般に対する執着も、ものでないもの、すなわちものを否定的にとらえたものに対する執着も菩薩にはあってはならないのである。これは自我に関しても同じで自我も実体がないのだから、自我についてとらわれがあってはならないのである。

要するに自我についても、自我をとりまくすべてのものについて菩薩はそれらを概念化したり、観念を構築したりしてはならないということである。

さらに「想う」という心のはたらき、「想わない」という心のはたらきでさえあってはならないのである。それらは迷いであるからである。想うとか想わないとかの心のはたらき、心のはからいが根源的になくならなければならない。そこで経典は総じて「応無所住而生其心」、すなわち住するところ無くして、その心を生ずべしと表現した。別の表現をもってすれば、「一切の想いをすてて、この上ない正しい目ざめに向けて心を起こさなければならない」（第十四章e）ということになる。仏のさとりを求める心を起こすとき、すべての想いを離れることから始めなければならない。なぜならば、仏のさとりでさえ、これが仏のさとりだと指摘できる実体はないのだから。仏のさとりを求めるときには一切の想いを離れるべきではあるが、同時にそれは仏のさとりに対する想いでさえ離れなければならない。求められるべき、取得せられるべき理想の仏のさとりではあっても、それに心がとらわれると、さとりに心が迷うのである。

修行の完成

菩薩の修行徳目に、布施・持戒・忍辱《にんにく》（忍耐のこと）・精進・禅定（精神統一のこと）、智慧の六種がある。このうち布施・忍辱・智慧の三種が『金剛経』に述べられている。

これらの修行は完成されなければならないのだが、これら菩薩の修行徳目はすべて完成されているというわけである。仏教では完成のことを波羅蜜多と表現している。また波羅蜜とも略称する。そこで布施波羅蜜多、ないし智慧波羅蜜多というように表現し、六種の修行徳目は六波羅蜜多と言い慣《な》らわしている。つまり六つの完成ということである。

では『金剛経』の述べる完成とはどういうことなのであろうか。経典のことばによれば、「如来によって説かれた〈智慧の完成〉は、智慧の完成ではない」（第十三章a）とある。つまり完成、完成というが、その完成はこれで終わり、これが完全であり、極限であるという意味の完成ではないのである。終着・完全・極限という観念は結局のところそこに停滞することを意味する。それでは智慧の完成とはいえない。智慧というのは一切のものには実体がなく、それは変化し極まりがなく、すべて縁起しているという真理を見きわめる英知のはたらきであるから、智慧それ自体をこれが智慧であると定義づけするとは、智慧自体を実体視することになる。智慧の完成といっても、これが智慧の完成である、と表現できない智慧の完成を意味している。この完成は極限の完成ではなく、持続される完成である。つまり、一つ一つの智慧の修行が完成でありながら、それらは連続し、修行によって持続されてゆく完成なのである。終わりのない完成ということである。

道元禅師の「証上の修」ということばは、悟ってもなお修行のたづなをゆるめず、持続して修行してゆくべきことを教えている。

例えば自転車に乗るようなものと考えられよう。乗れないうちは、誰かに自転車のうしろを持ってもらい倒れないようにして懸命にペダルを踏んでもなかなか前に進まない。そのうち人の手を借りずに乗れるようになり、ペダルを踏み、自力で前進することができるようになる。ところが、自力で乗れるようになったからといって、ペダルを踏むのを休めると自転車は前進しないで倒れてしまう。

これと同様に正師に支えられ修行をしているうちに、自ら得るところあって解脱したといって、修行を怠るならば、さとりから転落してしまうという。完成というのは限りない修行の持続の中における一つの幻想といえるかもしれない。完成という幻想につられて修行するが、修行の持続において人は完成が幻想であることを自覚するに至るものであろうと思われる。

布施の完成

布施とは施与という意味であるが、布施の完成（布施波羅蜜多）とはどういうことだろうか。

布施は財施（物の施与）と法施（教えの施与）の二つに分けて考えることもできる。いずれも他人に何かを施与することである。施与の行為は自分が持っているものを分け与えることであり、この布施が完成することは一切の衆生がことごとく満足するまでに布施し尽くすことであると考えられる。しかし実際にこの行為を一人の人間の生涯においてなし遂げることができるだろうか。また、一人の人間の所有する物量、あるいはその人間の働きによって得る物量も限度があるといわなければならないだろう。

布施の原意は施与ではあるが、もっと宗教的実践からいえば、道元禅師の示した「貪《むさぼ》らないこと」の意味でなければならない。一人、あるいは少数のものが貪るから世間に不足するところがあり、潤うところがなくなるのである。すべての人が貪らなければ必ずや世間は潤い、不足するということはなくなると考えられる。財施とは物を貪らないことであり、法施とは教えをわがものにしないことである。

物を貪らないことは、物を貪らず惜しまず与えることを意味するように考えられるが、実はこれは与えるという行為を意味しないものである。徹底して貪らないというところにあって、貪らないということによって布施の無限の行為がなされていることになっている。法施は教えを惜しまず、人に説き示すことではあるが、これも与えるというはからいがあり、真の法施ではない。教えることは結局のところ、自ら行うことでなければならない。法施は自ら教えを実践することにあり、それが人々に自然に感銘を与え、安らぎを与えることに通ずるのである。教えるだけでは実践のすべを知らしめることにはなり得ない。教えを実践すること、それが教えの施与である。

このように財施・法施が行われ、持続されてゆくところに布施の完成があるといえる。そこにはこれで終わりという完成がない。

また布施の完成には次のことが考え併せられなければならない。「すべての想いを捨てる」という経典の教えに従うならば、「私が」「誰々に」「何を」施与する、という跡づけをした布施をしてはならないのである。このように跡づけをし、あるいは印《しるし》をつけて施与することは、私・対手・物という三者にとらわれているということである。とらわれの心によって施与するならば、その行為の中に心のはからいがあるのである。それは心の惑いをもたらすことになる。

本来、「私」という実体も、施与される「あなた」という実体も、施与するものの実体も存在しないのだから、そのような実体観念をもって布施をしてはならないのである。実際に、貪る心がなければ、「私が」「誰々に」「何を」という観念さえ起こるわけがない。布施の完成とはこの三つの観念を離れたところで修行されていく布施をいうのである。

悪業の消滅

『金剛経』は凡夫の決定的救われ方を教えている。

大乗仏教初期のころに作られた経典の多くは、経典自体を崇拝し伝持すべきだと強調しているわけだが、『金剛経』もその一つである。『金剛経』自身、この経典を読誦したり、書写したり、記憶したり、さらに他人のために経文の一部でも説明したりなどすれば、それによって得る功徳ははかり知れないと述べている。しかもこの功徳は、如来が過去幾世にもわたって、気の遠くなるような年月をかけて、諸仏に休むことなく供養をされて得られた功徳にも勝るという。

経典に次のような説明がされている。要約して紹介すると、「この『金剛経』を記憶し、読誦し、理解し、十分に思いめぐらし、また人々に詳しく説いて聞かせても、その人々によってあなたは軽賤《きょうせん》されることがあるだろう。その理由はあなたの前世における悪業による報いからである。ところがその悪業もいま人々に軽賤されることによって消滅し、ついには仏のさとりを得るようになるだろう」と教えている。

凡夫たるもので前生の悪業をもたないものはない。凡夫なる衆生はみな前生の悪業をもっているので、その悪業が消滅しないことには救われないのである。では悪業の消滅はどのようにして可能であるかというと、『金剛経』を読誦ないし説明したりすることによって他人からの軽賤を誘発し、その軽賤を今世に受けることが悪業の消滅に繋《つな》がるのである。そして、そのことが仏のさとりへと直結するのである。『金剛経』の他人への説法という利他行は間接的に仏のさとりに関わってくるが、他人からの軽賤は直接的に仏のさとりに関わるのである。

前に述べた布施の中の一つ、法施はこの『金剛経』の他人への説法を意味している。

（金剛経）
他人への説法 → 前生の悪業の自覚
他人への説法 → 他人からの軽賤を誘発 → 前生の悪業の自覚
他人からの軽賤を誘発 → 悪業の消滅
前生の悪業の自覚 ⇢ 悪業の消滅
悪業の消滅↓仏のさとり

経典自ら『金剛経』を崇拝し奉持すべきことを強調している理由は、右に述べたような契わりの上で救われるからである。

（田上太秀）

浄土経典――無量寿経と阿弥陀経

浄土三部経

大乗仏教が起こってから、たくさんの経典ができたと考えられる。小乗仏教のときには口移しで続いてきたのをある時期にまとめたのであったが、大乗仏教になってからの経典というのは、ある時期になってから、昔からの教えを集めて、それにもとづいて戯曲的な構想をもってつくられた、大規模な経典なのである。それがたくさんある。その中でわが国でいちばん有名であるのが、浄土教の経典と『法華経』とである。わが国にもこの両者が最も影響を残していると思う。例えば、宮廷で昔から勅撰《ちょくせん》和歌集が編纂されたが、その中に「釈教和歌」というのがある。釈迦《しゃか》の教えに関する和歌である。そのテーマを調べると、浄土経典に題材をとったものと、『法華経』に題材を取ったものとで、ほとんど全部である。それほど影響力の強いものであった。

ところで、その浄土というのは、実際問題としては極楽浄土のことである。大乗仏教でも最初のうちは「浄土」というものをいろいろ考えた。我々が生きているのは穢《え》土《ど》、けがれた国土で、汚れに満ちている。どうかして清らかなところに生まれたいものだ、と人々は願った。そこで、例えば東の方では、阿閦如来《あしゅくにょらい》の浄土がある。あるいは上の方では弥勒仏《みろくぶつ》の兜率天《とそつてん》の浄土があるとか、いろいろの浄土を考えたのである。阿弥陀仏の浄土というのも、そのうちの一つであった。後代になって、特に中国・日本においては阿弥陀信仰が圧倒的に優勢になり、そこで「浄土」というと、阿弥陀仏の浄土、すなわち極楽世界のことにきまってしまったのである。阿弥陀仏の浄土を述べた経典はいろいろあるが、特にそれを主題としたものが、「浄土三部経」と呼ばれるものである。それは次の三種の経典である。

(1)『仏説無量寿経』。その題名の意味は、仏説、つまり、釈尊が説いた『無量寿経』、ということであり、これは大きな経典である。サンスクリットの原文も出版されているし、チベット語訳もある。

(2)『仏説観無量寿仏経』。これは漢訳はあるが、サンスクリット原文もチベット語訳もない。しかし、ウイグル語で、これに相当するものが残っている。このウイグル語訳なるものは、サンスクリット原文から翻訳されたものであるのか、あるいは漢文から翻訳されたのであるか、まだ確かめられていないが、これは中国でつくられた経典であるという説が有力である。ともかく阿弥陀仏の姿を観想することを説いた経典である。

(3)『阿弥陀経』。これは小さな経典であるが、極楽浄土を称《たた》えたものである。サンスクリットの原文もチベット語訳もある。日本で、浄土教の諸宗派が法事を行う時には、しばしばこの『阿弥陀経』を読誦《どくじゅ》する。

阿弥陀信仰

ところで、これらの経典の題目に、『無量寿経』とか『観無量寿経』とかあるが、この「無量寿」というのは、阿弥陀仏のことである。〈阿弥陀仏〉には主な名前が二つある（この仏の名はその他にもあるが……）。一つは、アミターユス。「アミタ」というのは、「限りない」という意味である。「アーユス」というのは寿命、命ということである。「アミターユス」というのが阿弥陀仏の一つの名前であって、「無量寿」と訳されるのである。もう一つの、それと並んで重要な名前を、「アミターバ」という。「アミタ」は限りなき、無量ということであり、「アーバ」とは、光（アーバー）に由来し、これは「無量光仏《むりょうこうぶつ》」と訳される。どちらも最初に「アミタ」ということばがあるので、この音を写して「阿弥陀」と書く。日本で「アミダさま」ともとからの日本語のように言っているが、もとは音を写したものである。だから両方を兼ねる。

阿弥陀仏信仰の発祥地については今までいろいろ論議されていた。それはインドではなくイランか中央アジアであろうという推定もなされたことがある。そのわけは、インドやパキスタンでは観音像や弥勒像はたくさん発見されているが、阿弥陀仏像(ただし密教以前のもの)は発見されていなかったからである。ことにイランの宗教が光を重んじるのは、無量光仏の観念を成立させるもとになったのではないか、と考えられた。しかし一九七七年にデリーの南方にあたるマトゥラーの一僧院の址《あと》を発掘したら、阿弥陀仏像なる旨をしるした台座が発見され、それはクシャーナ王朝のフヴィシカ王の時代のものであるということを明記した刻銘がついている(現在マトゥラー博物館所蔵)。故に仏教美術の本拠地マトゥラーのあたりに阿弥陀仏の信仰の行われていたことは、はっきりと知られるようになった。そしてその寄進者は富裕な商人であったことが明記されているから、ここでも浄土教に帰依支持した人々の社会層を垣《かい》間《ま》見ることができる。

さてこの阿弥陀仏の浄土は「スカーヴァティー」と名づけられている。つまり、極楽のもとの名前を、スカーヴァティーという。「スカ」とは、「楽しい」ことをいい、「ヴァティー」というのは、「……のあるところ」という意味で、両者を合して〈幸あるところ〉、と仮に訳せるかと思う。漢訳では、そのほかに「安楽国」とか、「安養浄土」とか、あるいは「楽邦」とかいう。楽しい国、理想の世界である。

四十八の誓願

この経の中では、どういうようなことが説かれているか、というと、阿弥陀仏は過去に法蔵菩薩《ほうぞう》という修行者であった時、誓願をたてた、自分が仏になったならば、これこれのことが完全に実現できるようにと言って、四十八の誓願をたてた、ところで、今は阿弥陀仏となって、西方の極楽浄土にまします。故に、阿弥陀仏にたよるものはみな救われると説く。一言でいえば阿弥陀仏の慈悲を強調しているといえるかと思う。阿弥陀仏のたてた四十八の誓願のうち、いちばん有名なのが第十八願である。

「設《たと》い我れ仏となるを得んとき、十方の衆生、至心に信楽《しんぎょう》して、我が国に生れんと欲して、乃至《ないし》十念せむに、もし生れずんば、〔われは〕正覚を取らじ。ただ五逆《ごぎゃく》〔の罪を犯すもの〕と正法を誹謗《ひぼう》するものとを除く」

自分を信じて念仏する者はみな救って、極楽浄土に生まれるようにしようという誓いであるが、これと並んで、いろいろ重要な誓い、願いが説かれている。その第十九願には、

「設い我れ仏となるを得たらんとき、十方の衆生が、菩提心を発し、諸々《もろもろ》の功徳を修し、至心に願を発して、我が国に生まれんと欲せば、寿《いのち》の終わる時に臨みて、〔われが〕大衆《だいしゅ》とともに囲遶《いにょう》してその人の前に現ぜずんば、〔われは〕正覚を取らじ」

これは、真心をこめて信徒が阿弥陀仏にたよって念仏するならば、必ず迎えに来てくださる、ということである。それを来迎《らいごう》という。「来たり迎える」ということで、阿弥陀仏が観音、勢至《せいし》二菩薩その他の諸菩薩を従えて、あわせて二十五菩薩とともに迎えに来るのである。この信仰にもとづいて信者の臨終には阿弥陀仏が迎えに来てくださると、一般に考えられていたが、浄土真宗になると、平生信仰が確立した時に救われるはずになっているといい、必ずしも来迎のときを待たずともいい、また、平生に往生の業が成立しているということを説く。以上が第十九願である。また、第二十願というのもやはり、並んで重要な誓いである。

「設《たと》い我れ仏となるを得たらんとき、十方の衆生が、我が名号を聞きて、念を我が

国にかけ、〔さらに〕もろもろの徳本を殖《う》えて至心に廻向《えこう》して我が国に生まれんと欲《おも》わんに、〔この願い〕果遂せずんば、〔われは〕正覚を取らじ」

信者が極楽浄土に生まれるようにしてもらいたいと思って、善根を積もうと努める者は、みな救おう、という誓いである。

ここで「徳本」ということばが用いられているが、それは「徳のもと」で、これは「善根」とも訳される。つまり、善いこと、徳、を積むと、それがあとでいい果報をもたらすから、根のようなものである。もとになるというので、「徳本」とか、「善根」とかいわれる。

極楽浄土

極楽については、どのように述べているか、というと、これは、西方十万億土のかなたにあるという。つまり、我々が生きている世界から西の方に向かって仏国土がいくつもあり、十万億もの多くの仏国土を過ぎたところに極楽浄土がある。そこは理想の世界であるとし、浄土経典では称《たた》えられている。次にその文句をサンスクリットの原典から邦訳して紹介しよう（原文にはなかなか複雑な表現があるので、いくらか簡略にした)。

「アーナンダよ、かの世尊、無量光の〈幸あるところ〉と名づける世界は、富裕であり、飽満であり、平安であり、豊饒《ほうじょう》であり、美麗であって、多く天人や人間で充満しているのだ。かの世界には地獄がなく、動物的な生がなく、餓鬼の境地がなく、アスラ(阿修羅《あしゅら》)の群れもなく、教えを聞くに適しない生まれもないのだ。〈幸あるところ〉という世界には、不善の声、障りのある声、頽廃《たいはい》や悪所や罪に陥ることの声は全くない。苦しみの声はないのだ。そこで不苦の感受や不楽の感受の声もまたないのだ。そもそも仏国土、〈幸あるところ〉は、この世のつくられた事物と違って、無為自然の存在であり、さとりの境地そのものといってよい」

これは『大無量寿経』の中に極楽浄土のことが説かれているある部分を、サンスクリットの原文から直訳したものである。ただ最後の、「無為自然」ということばの出て来る部分は、漢訳の『大無量寿経』にしか出てこない。サンスクリットの原文にはないのである。この理由について、学者はいろいろ論議しているが、少なくとも、無為自然という考え方は中国の道教の伝統的な理想の境地の観念がここに取り入れられ、生かされているといえるのではなかろうか。

結局、その土地土地で、そこの宗教とか、伝統的な考え方が取り入れられていくということを示している。第一、極楽浄土の姿というものが、インドでこの経典のつくられた当時のクシャーナ王朝時代の人々の描いた理想の姿なのである。インドは暑い国であるから、そこでは、涼しい風が吹いてきて気持ちがいい、苦しみがない。そして砂も黄金で、樹木にも黄金の葉が云々《うんぬん》とか、宝石で飾られているとかいうようなことが経典の中に述べられている。

極楽浄土の自然は、何でも黄金や宝から成っているものとされている。例えば『阿弥陀経』（第五章）では「大地は黄金の色をしている」という。鳩摩羅什訳に「黄金為地」、玄奘訳には「周遍大地真金合成」とあるが、それがおそらく原意であろう。おそらく『浄土経典』のつくられたクシャーナ王朝時代はインド古代中世史を通じて金貨の流通量が最も多かったし、また最も良質の金貨が通用していた時代であったので、このような希望的空想がかき立てられたのであろう。当時のクシャーナ王朝時代には、西方との貿易の結果として、ローマから金がどんどん入ってきたため、金や宝石は富裕な人々の手のとどく範囲のうちにあったから、こういう想像ができたのである。「宝石からできている樹木を楽しみたい」というのは、宝石を重んじるインド人の本能的な欲望だったのであろう。仏教徒で華僑《かきょう》の大富豪であった胡文虎《こぶんこ》は香港《ホンコン》の自邸に宝石でつくった盆栽を幾つも置いて楽しんでいた。こういう事例もあるから、極楽浄土の荘厳《しょうごん》は全然でたらめな空想の所産ではなくて、当時の富者階級の生活が理想化され誇張されて、そこに反映しているのであろう。

ところで極楽浄土は罪や汚れのない清らかなところでなければならぬのに、それを黄金臭を芬々《ふんぷん》とまきちらしているとは、人間というものは何と貪欲《どんよく》な、エゲツナイものなのだろう。しかしまた「あらゆる美事な宝石でつくられた牢獄《ろうごく》に入ることなかれ」という経典の文句は、現代のわれわれに痛烈な皮肉として響いてくるではないか。

またインド人は極楽浄土の蓮池《はすいけ》というのは、真四角なものを考えていたにちがいない。だいたいインドのヒンドゥーの寺院には、真四角の池がついていて、そこで身を清めてお参りするということになっている。それが仏教に取り入れられたのである。

そうしてそのような真四角な極楽浄土の蓮池の姿は、中国人の描いた極楽浄土の図のうちにも見られるし、さらに日本に来てもそれが当麻《たいま》曼荼羅《まんだら》まで生きていたのである。それは中将姫《ちゅうじょうひめ》の伝説で有名である。

さらにインド人の空想した極楽浄土の蓮池では、まわりの四角のところの縁が階段になっている。例えていうと、スタジアムを真四角にして、下に水があり、そこに蓮が咲いているというようなものをインド人は理想と考えていたのである。ところが、極楽浄土の姿が中国に移ると、ステップがなくなってしまう。チベット人の考えた極楽浄土の姿にも、これは存在しない。さらに、これが日本に来ると、日本人はまた違った審美眼をもっているから、極楽浄土の蓮池というと、真四角では感じが出ない。宇治平等院《うじびょうどういん》のあの蓮池とか、東北でいうと、毛越寺《もうつうじ》のような池、——ああいうものを日本人は理想として描いた。このように極楽浄土の姿は民族性によって違うが、所詮、極楽浄土というのは人間が理想の世界として願っているもので、したがって、諸民族がそれぞれ理想の姿を投影するということは当然のことである。

親鸞の教え

宇治の平等院というと阿弥陀仏が安置されているが、まことに美事な相好である。この阿弥陀仏によって救われるには、ただ念仏を唱えていればいいのであろうか、どのように唱えればいいか、ということが、後代の教理学者の間で問題になるのであるが、信仰があれば、やはり念仏を繰り返さなくてはいけない、と主張する人もあったし、また親鸞聖人《しんらんしょうにん》のように必ずしも繰り返さなくてもよい、という人も出た。

すなわち、親鸞によると、念仏というものは、救っていただいたということに気づいて感謝の気持ち、報恩の気持ちからひとりでに出てくるものだから、必ず一ぺんは口から出てくるものである。そのあとは何べん出てもよい。しかし、回数の多きを競う必要はない、というのである。

そうして煩悩をもったこの身さながらに、仏の慈悲によって救われるのだと説いた。初期のインドの浄土教徒の間では、この汚れた末世においてはとても仏道修行など望むべくもないから、阿弥陀仏にたよって極楽浄土に生まれて、そこで仏道を修行し、やがてさとりを開いて涅槃《ねはん》に入り仏となるということをめざしていた。ところが日本の親鸞によると、浄土に往生することが、すなわち涅槃である（往生即涅槃）。

親鸞の思想は、浄土教のめざした方向に進んで行って、ぎりぎりのところまで達したといえよう。

（中村　元）

法華経――一仏乗と久遠の本仏

法華経の原典と漢訳

『法華経《ほけきよう》』がわが国に最も多大な影響を与えた仏典であることは、今さらいうまでもないことである。聖徳太子《しようとくたいし》が『法華経義疏《ぎしよ》』を著して以来、法華《ほつけ》信仰は日本人の間に定着したが、とりわけ平安時代に最澄が『法華経』を根本経典とする天台宗を伝えてから、『法華経』の影響力は決定的なものとなった。さらに、天台から分れた日蓮《にちれん》に至り、法華信仰はいよいよ尖鋭化《せんえいか》した。そして、現代社会において大きな勢力を有する新仏教教団の大部分が、この日蓮宗の流れを汲《く》むものであることは、周知の事実である。一方、天台宗や日蓮宗系統に属しない人々の間でも、『法華経』は重要視され続けてきた。

『法華経』の原題は、『サッダルマ・プンダリーカ・スートラ』（Saddharmapuṇḍarīka-sūtra）である。「サッダルマ」は「正しい法（真理）」、「プンダリーカ」は「（白《びゃく》）蓮華《れんげ》」、「スートラ」は「経」という意味であり、全体としては「白蓮華のような正しい教え」という意味になる。

十九世紀の前半になって、『法華経』の原典がネパールで発見されて以来、中央アジアやカシミールでもいくつかの原典写本が発見された。そして、二十世紀になってから、原典の校訂本も二、三出版された。ごく最近でも、諸系統の写本の出版が相つぎ、『法華経』の原典研究は新しい段階に入った。

中国語訳としては、『正法華経』（二八六年、竺法護《じくほうご》訳）、『妙法蓮華経』（四〇六年、鳩摩羅什《くまらじゅう》訳）、『添品《てんぽん》妙法蓮華経』（六〇一年、闍那《じゃな》崛多《くった》と達摩《だつま》笈多《ぎゅうた》訳）が現存するが、これらのうちでも、鳩摩羅什訳の『妙法蓮華経』は名訳の名をほしいままにし、後世の法華思想の展開はひとえにこの訳によるといって過言ではない。一般に、中国や日本で『法華経』というと、この『妙法蓮華経』を指す。また、中国語訳の他に、チベット語訳も存する。『法華経』の原典及び訳書についての詳細は、坂本幸男・岩本裕訳註『法華経』（上）（岩波文庫、四一一―四二八頁）を見ていただきたい。

他の大乗経典の場合と同じように、『法華経』の成立年代も不明であるが、だいたい紀元前後に成立したとする説が一般的である。そして、その成立時期を三期に分け、第一期は紀元後五〇年ごろ、第二期は一〇〇年ごろ、第三期は一五〇年ごろと推定する（田村芳朗『法華経』中公新書、四四頁）。

ところで、『法華経』をはじめとする初期大乗諸経典はどのような状況下で制作されたものであろうか？　この機会を借りて、少しの間その問題を考えてみたい。

大乗経典の成立

近代になって、大乗経典は釈尊の直説ではないとする意見、すなわち大乗非仏説論が盛んになった。これは歴史的に見れば当然のことで、大乗諸経典の作られたのは釈尊の没後数世紀も後のことであるから、仏説である筈《はず》はないのである。それならば、大乗経典はすべてニセモノなのであろうか？　そのようなことは決してない。大乗経典を作成した敬虔《けいけん》な人々が、自らニセモノを作ってやろうと考える筈はないではないか。いわんや、彼らの周囲に集まった信者たちが、そのようなインチキな経典を信奉するなどということはあり得なかったろう。大乗経典はまぎれもなく仏の直説でなければならない。ただし、常識的、世間的な意味で仏説だというのではなく、大乗経典の作者たちが深い禅定体験において仏と対面した時に聴聞した仏の真説なのである。

それは時間的、空間的な限定を超えた、超越的な仏説であるといえる。

仏教は紀元前五世紀ごろに成立したが、その後数世紀を経て、教理的に非常に複雑、難解なものとなり、一部の知的エリートは僧院の奥にひきこもって、高度な理論研究に没頭するようになった。しかし、一方では仏教信者の数が増加し、仏教の大衆化が進んでいた。一般の信者にとって、煩瑣《はんさ》な教学研究に没頭する知的エリートや、厳格な戒律を教条的に守る保守派は無縁の人々であり、利己的な集団に思えた。そこで、自分たちのための仏教の出現が要請され、やがて大乗仏教が成立したのである。仏教は一部のエリートだけのものではなく、より多くの人々が救われねばならぬ、というのが大乗仏教徒の主張であった。彼らは伝統的な教説を後生大事に守っていた保守派のことを「小乗」と呼んだ。従来の伝統的な仏教は、資質のすぐれた修行者のみが解《げ》脱《だつ》するという、エリートのための仏教であった。しかも、自分の解脱が目的で、他者を救うということまで考えない修行者が多かった。大乗の人々は、そのような利己的な修行者を、「声聞《しょうもん》」とか「縁覚《えんがく》」と呼んだ。声聞（シュラーヴァカ）とは元来、釈尊の音声を聴いた直弟子のことであったが、大乗の立場からは、自分のみ阿羅漢《あらかん》（聖者）となることを理想とする低い修行者を意味する貶称《へんしょう》となった。縁覚（プラティエーカ・ブッダ）は独覚《どっかく》とも訳され、また辟支仏《びゃくしぶつ》と音訳される。これは師なくして独りでさとりを開く人のことであると解されるが、大乗では、さとりを開いてもそれを人に説こうとしない者を意味し、やはり利己的で独善的な人の貶称として用いられた。「声聞乗」、「縁覚乗」というと、小乗を指す。これに対し、大乗の人々は、すべての人が仏陀（ブッダ、覚者）となり得る素質をそなえていると考えた。仏陀となり得る素質が自己にそなわっていることを自覚する人は菩薩《ぼさつ》（ボーディ・サットヴァ）と呼ばれた。そういう菩薩たちは、同時に、他の人々をも菩薩として、さとりを開かせたいと願うとされた。かくて、大乗は「菩薩乗」と呼ばれることとなった。

しかし、大乗の出現により、いわゆる「小乗」が衰えてしまったわけではない。伝統を守る保守派仏教は依然として社会的に強い勢力を持ち、むしろ大乗よりもはるかに優勢であった。何といっても彼らは釈尊以来の仏教の伝統にのっており、正統派であった。最初期の大乗仏教徒の最大の弱点は、自分たちの立場を全面的に正当づける経典を持たぬことであった。そこで速やかに多数の大乗経典を作る必要に迫られた。ところで、大切なことは、これらの経典がすべて仏説でなければならないということだった。仏陀自身が直接に説いたものでなければならなかった。いかにしてそのようなことが可能であったろうか？　釈尊がなくなってから、すでに数百年が経過していた。ここでしばらく、初期大乗経典の成立について、想像を逞《たくま》しゅうしてみたい。

大乗の菩薩たちの中に、驚異的な詩的霊感（ディー）にめぐまれた人々がいた。彼らはいうまでもなく、仏教の基本的な教理にも通じ、また、ヨーガの実践家としても超人的な能力をそなえ、周囲の大乗教徒たちの尊敬を一身に集めていた。彼らはしばしばヨーガの実践により霊感を得て恍惚《こうこつ》状態（ディヤーナ、禅定）に入った。この時、彼らは仏と直々に対面し、仏の教説を直接に聞くのであった。いわば仏の啓示を受けたのである。そして、その教えを、全くオートマティックに口に出す。彼らの周囲に集まった同志たちは、その一句一句を聴き、暗誦した。教えを唱える者も聴く者も、それが仏説であることを信じて疑わなかった。何度も同じ文句が繰り返されたり、論理的に辻褄《つじつま》の合わぬ個所も生じたが、すべて仏説であるから、そのまま記憶した。初期の大乗経典はこうして成立した。ちょうど、ヴェーダの聖仙《リシ》（＝詩人《カヴィ》）たちが、霊感を得て天啓聖典を作成したように。そして、二十世紀のシュールレアリストたちの中にも、全く偶然に、同様の方法（オートマティスム）で作詩しようと試みた詩人もいた。

このようにして、彼らは禅定中に仏を見、その教説を直々に聴いたのであるから、こうしてできた経典は疑いもなく仏の真説であった。大乗の菩薩の禅定体験は歴史を超越するものであった。なお、霊感（ディー）によって得られた恍惚状態を禅定（ディヤーナ）と解することには、仏教学者の異論もあろうが、これがディヤーナのもとの意味であろう。

こうして最初期の大乗経典が成立したが、後に続く大乗の「詩人」（菩薩）たちは、以前に成立した大乗経典を暗誦し、ますますその詩的イメージを豊富なものとしていった。また、後世には、経典を書写するようになり、経典の中の脈絡の合わぬ個所を編集しなおしたり、不足の部分を補ったり、不用と思われる個所を削除したりした。さらに、禅定中に詩人（菩薩）が遭遇する仏は、歴史上の釈尊ではなく、実は時間を超えた久遠仏《くおんぶつ》であると考えられるようになった。久遠仏については後でまた触れることにする。

以上述べた大乗経典成立論は決して「学問的」なものでなく、素人の空想にすぎないと非難されてもいたしかたないものである。しかし、大乗経典の作者の立場に立って考えた時、かなりの蓋然性《がいぜんせい》をもって、以上のことが推量されたのである。『法華経』も以上のような状況で作成されたものと想像される。その場合、前述のように三期にわたって成立したと考えるのが妥当であろうが、この説とても決定的なものではなく、同一の作者が初めから、かなりの部分を一気呵成《いっきかせい》に作り上げたと考えられなくもない。ただ、現存する『法華経』を調べてみると、その後幾多の新要素が付け加えられて、この経典の形式が整備されたということは確かのようである。

大乗と小乗の融和

さて、大乗仏教が成立した初期においては、大乗に属する人々は、依然として社会的に絶大な勢力を保持していた保守的仏教に対する攻撃に専念していた。ところが、大乗仏教運動が一般に認められるようになると、最初は大乗を黙殺していた小乗教徒の間でも、大乗に対する関心が高まってきた。保守的仏教諸派に属する人々のうちにも、大乗の実践に共感し、帰依する者も現れたと推測され得る。大乗と小乗の区別は、後世の中国や日本で強調されるように、決定的なものではなかったであろう。少し後のことになるが、いわゆる小乗仏教の有力なセクトであるカシミールの説一切有部《せついっさいうぶ》の中には、従来の伝統を忠実に守っていく保守派と、大乗仏教に帰依する進歩派とがいて、平和共存していたといわれる。後者は大乗上座部と呼ばれた。(平川彰『インド仏教史』上巻、春秋社、三二七頁、及び、エチエンヌ・ラモット著・加藤純章訳『『大智度論』の引用文献とその価値」仏教学、第5号、三―四頁)

エチエンヌ・ラモット教授によれば、一般に龍樹《りゅうじゅ》(ナーガールジュナ、一五〇―二五〇年ごろ？）作と認められている『大智度論』の作者は、実は三、四世紀の説一切有部に属する大乗教徒であったという。また、小乗仏教の代表的な綱要書である『倶舎《くしゃ》論《ろん》』を著した世親《せしん》（ヴァスバンドゥ、四世紀ごろ）は、同時にいくつかの重要な大乗論書を著し、唯識思想の大成者として知られる。伝説でいわれているように、兄の無著《むじゃく》に諭されて小乗を捨て大乗に移った、というような単純なことではなかろう。

このような大乗上座部的な考えを抱く人々は、三世紀よりも以前から存在していたと推定される。こうした情勢下においては、大乗の側でも、小乗に対する攻撃の手を緩め、大乗を信ずる小乗教徒のための受け皿を用意する必要が生じたであろう。また、大乗仏教も一般的になってくると、歴史的に見て釈尊以来の伝統を受け継いでいる保守派仏教の存在を否定するだけでは、より多くの人々を説得しきれない時期になっていた。

「小乗」をも仏説としてある程度その存在理由を認め、それに一定の役割を与えようとする意図のもとに作成されたのが『法華経』である。『法華経』が従来の大乗経典と根本的に異なる点は、この融和的・総合的な傾向である。大乗上座部に属すると目される『大智度論』の作者が『法華経』を一〇回以上も引用していることは注目に価する。

これに対し、『法華経』は社会的に認められぬある特殊なグループによって作成されたとする説がある。

「いつの頃か『法華経』の原型にあたる特殊の信仰形態を持った一つのグループが存在していた。彼らは『この教えを信仰し、宣伝に協力するものは、すべての苦しみを逃れ、病気も治り、火にも焼けず、水にも溺《おぼ》れない』と言って信者を集めた。その信仰の強さを示すために、自分の身体に油をそそいで火をつけるものさえあった。その執拗さに耐えかねた人々が、それを非難すると『法難だ』と叫んで、ますます結束を固くした。そして自分たちで『法華経』という名の経典を作製した。(以下略)」(渡辺照宏『日本の仏教』岩波新書、一八三頁)

特殊グループに属していた人々が『法華経』を作成したとする仮説は、『法華経』の融和的傾向と決して矛盾するものではない。『法華経』の成立当時において、たとえ方便の説としてでも小乗を仏説と認める立場は、他の一般の大乗グループにとっては容認できぬところであったろう。また、伝統的仏教徒にとっても、自分たちの説を方便とみなす立場は認められる筈がなかった。そこで、小乗を大乗の中に包摂しようとする試みは、最初はあくまでも一部の特殊グループのものであった。であるから、『法華経』の多くの章が、この経典自体のプロパガンダのために割かれているのである。そして、この経典の受持・読誦・解説・書写の功徳が何度も繰り返し、異常なほどに強調されている。しかし、次第に大乗上座部的な傾向の人々がふえるに従って、『法華経』はまぎれもない大乗経典として、一般に承認されるようになっていったのであろう。

三乗方便・一乗真実

『法華経』を内容から見て迹門《しゃくもん》と本門《ほんもん》とに折半する天台大師《てんだいだいし》智顗《ちぎ》の説は、現代から見てもきわめて妥当なものである。小乗と大乗とを止揚する立場は迹門において説かれている。「序品《ほん》」に続く「方便品、第二」は、思想上、『法華経』のうちでも最も重要な章の一つであり、迹門の中心をなす。

釈尊は、まず、智慧第一と称せられる高弟の舎利弗《しゃりほつ》（シャーリプトラ）に、如来《にょらい》の悟った真理はきわめて深遠で誰にも理解できず、舎利弗のような智慧者でもそれを理解することはできないと告げる。だから、直接教えを説かず、ありとあらゆる巧みな方便を用いて教えを説くのである。人々を執著《しゅうじゃく》から解放させるために三乗の教えを説いたのも方便からであるという。ここで三乗というのは、前述の声聞乗、縁覚乗、菩薩乗のことである。

舎利弗は、釈尊の周囲に集まった人々を代表して、釈尊のことばの真意を説明して下さるようにと懇願する。釈尊は、この真理は微妙で難解であるから、うぬぼれた愚者はそれを理解できないと言って、説くことを拒絶する。しかし、舎利弗が三度も頼んだので、ついに語ることを承知する。

仏の教えは真実にはただ一つであり、その他には第二、第三の教えはない。ただ一仏乗のみである、しかし、混乱し堕落した時代の人々はそれを理解することができないから、如来たちは巧妙な方便を用いて三乗を説くのである。すなわち、真実には一仏乗しかないのであるが、それを分別して三乗と説くのであり、方便説たる三乗も本質的には一仏乗と異ならないということである。これを後世、「三乗方便・一乗真実」ということばで表現した。あるいは、「開権顕実」、「開三顕一」、「会三帰一」ともいう。また、二乗（小乗）の者たちも一乗妙法に目覚めることによって仏となることができるということを「二乗作仏」と表現する。ただし、「二乗作仏」ということをストレートに表現している個所は、「方便品」にはない。「方便品」の随所において、小乗教徒に限らず、ありとあらゆる人々がさとりを実現することができると説いているのである。布施や仏塔の建立などの種々の善行を行った人々はみなさとりに達する。

例えば、子供たちが遊んでいて、小石で仏塔を作ったとしても、あるいは、合掌したり、ほんの少し頭を下げたりしても、「南無仏」とひとこと言うだけでさとりに達するという。ほんのわずかの功徳を行っただけでもさとりに達することを、後世、「小善成仏」と表現した。

「譬喩品、第三」に入ると、長老舎利弗は、仏が初めに方便として説かれた教えを方便とも知らず早合点して、それをそのまま後生大事に守っていたと自己批判する。舎利弗はもともと六師外道の一人である懐疑論者のサンジャヤの弟子であったが、仏教に改宗してから空《くう》の教えを理解してさとりを開いたと誤解していたが、いまや師のことばを聴いて一仏乗を知り、真実にして最勝のさとりに達したという。ここで空とは、小乗仏教や初期大乗の立場、すなわち三乗の教えを示す。すると釈尊は、来世において舎利弗が華光《けこう》如来（パドマ・プラバ）となるであろうと予言する。続いて、舎利弗は、仲間の一二〇〇人の仏弟子のために、巧みな譬喩によって一仏乗の真実なることを説き、彼らの疑惑を取り除いて下さるようにと要請する。そこで釈尊は、巧みな譬喩を用いて、「三乗方便・一乗真実」の教えを説く。これが有名な「三車一車の譬《たとえ》」あるいは「火宅《かたく》の譬」である。

火宅の譬

ある所に老齢の長者がいた。彼は古い大邸宅に住んでいたが、ある時、その家が火事になった。家の中では、大勢の子供たちが遊びに夢中になっていて火事に気づかず、逃げ出そうとしなかった。長者は無事に家の外に抜け出て、子供たちに「早く出ておいで。さもないと焼け死んでしまうよ」と呼びかけたが、子供たちは幼稚で、その意味が分からず、無邪気に遊び戯れていた。そこで、長者は巧みな方便を用いて子供たちを外に誘い出すことにした。子供たちが以前から欲しがっていた玩具が外にあると言ったのである。

「面白いおもちゃがあるよ。牛の車や山羊《やぎ》の車や鹿の車があるよ。みんな外に出ておいで」

子供たちは、望んでいた玩具が外にあるというので、みなわれ先に燃えさかる家から飛び出して行った。長者は彼らを安全なところに避難させた。子供たちが約束の玩具をくれと要求した時、長者はひとりひとりに、白牛に牽《ひ》かせ、すばらしく飾りたてた車（大白牛車《だいびゃくごしゃ》）を与えた。

以上が「火宅の譬」であるが、この説話において、燃えさかる家というのはこの迷える世の中であり、子供たちは迷いの世界の危険に気づかず快楽を求める凡夫のことである。仏はこの三界の火宅に迷っている人々を救おうとして、三乗という方便の教えを説いたのである。すなわち、三つの車が三乗にあたる。三車のうち、羊車は声聞乗、鹿車は縁覚乗、牛車は菩薩乗にあたるとされる。そして、この三乗という方便により、人々を燃えさかる迷いの世界の外に導き出した暁には、何ら分け隔てすることなく公平に、大白牛車という一仏乗を与えたというのである。

なお、鳩摩羅什の漢訳による「譬喩品」の次の一節は名訳としてよく知られている。

「三界は安きことなく、なお火宅の如し。
衆苦は充満して甚だ怖畏《ふい》すべく
常に生老病死の憂患《うげん》ありて
かくの如き等の火は熾然《しねん》として息《や》まず。
如来はすでに三界の火宅を離れて
寂然として閑居《げんこ》し林野に安処《あんじょ》せり。
今この三界は皆これ我が有なり。
その中の衆生は悉《ことごと》くこれ吾《わ》が子なり。
しかも今この処は諸の患難多く

ただ我一人のみよく救護《くご》を為す」

長者窮子の譬

「信解品《しんげほん》、第四」において、大迦葉《だいかしょう》（マハー・カーシャパ）等、四名の長老は、声聞でも最高のさとりを得られるという予言を聴き、はからずも無量の宝玉を得たことに喜び、いわゆる長者窮子《ぐうじ》の譬《たとえ》を説く。

ある男が小児のころ父と別れ、何十年もの間放浪生活を送っていた。その間、父親は大富豪となっていた。息子の方は乞食《こじき》のような生活を送り、各地を流浪していたが、ある時、めぐりめぐって大富豪の父親の住む都にたどりついた。父親は、何十年もの間、いつも行方不明になった息子のことを考えては心中ひそかに悩んでいた。

「自分は老衰してしまったが、この莫大《ばくだい》な財産を相続する息子はひとりもいない。何ということか」と考えては、あの行方不明の息子がいてくれたら、と絶えず嘆いていた。

さて、貧乏な息子は、何かを恵んでもらいたいと思い、その大富豪の家に近づいた。しかし、大勢の人々に取り囲まれた富豪を見て、父とも知らず、その威勢にひどく怖れおののき、

「このような所にぐずぐずしていると捕まってひどい目にあうかもしれぬ」と、逃げるように去って行った。富豪の方は、その乞食を見て自分の息子であると知り、召使にその後を追わせた。召使が追いつくと、乞食は恐怖にかられ、「私は何も悪いことはしない」と叫んだが、召使は彼を無理矢理につれて帰った。ところが、乞食は、もうおしまいだと考え、失神してしまったのである。富豪は冷たい水をかけて乞食を正気づけたが、それ以上何も言わず、自分が父であることも告げず、彼を自由に去らせてやった。乞食は何も気づかず貧民街に帰って行った。

富豪は、その愚か者を導くためには、巧妙な方便を用いるより他はないと考え、二人の下僕を呼んで言った。

「あの男をお前たちで雇い、二倍の日当を与えてこの家で働かせなさい」

二人の下僕は乞食を探し出して、便所掃除の仕事をさせた。そこで富豪は汚ならしい衣服を着て乞食に近づき、次第にうちとけていき、

「何か欲しいものがあれば何でもあげよう。私を自分の父親と思いなさい」

とまで言えるような仲になった。そして、乞食を「息子」と呼んだので、乞食の方も彼のことを父親と思うようになった。

このようにして二十年が過ぎた。自分の死期の近づいたことを知った富豪は、乞食

に、自分の全財産を継いでくれと言ったが、男は相変わらず質素な暮しをしていた。臨終にあたり、富豪は親戚《しんせき》一同や、国王、大臣の前で、一切の事情を話し、自分の全財産を息子に譲ることを宣言したのであった。

この物語は、如来が人々にいきなり「汝《なんじ》らはわが息子であり、仏となるであろう」と告げても人々はそれを理解できず、怖れおののくだけなので、巧みな方便を用いて人々を最高のさとりに導く、ということを暗示している。声聞たちが小乗の教えにより努力してきたのは、乞食が便所掃除の仕事に励んだことと同じである。仏の巧みな導きにより、声聞でも最高のさとりを得ることができるのである。

久遠の本仏

本門の中心をなす久遠の本仏の思想は「如来寿量品《にょらいじゅりょうぼん》、第十六（十五）」で説かれている。その序章とも言うべきものが、「従地涌出品《じゅうじゆじゅっぽん》、第十五（十四）」である。「涌出品」においては、無数の菩薩が大地の裂け目から出現し、釈尊に挨拶《あいさつ》する。この無数の菩薩群の出現に驚いた一同を代表して、弥勒菩薩（マイトレーヤ）が釈尊にわけを尋ねる。すると釈尊は、「自分がこれらの菩薩たちを教化したのである」と答える。そこで弥勒たちは、師が悟られてからわずか四十余年であるのに、どうしてこのように無数の菩薩たちを教化できたのであるか、と疑問に思う。例えば、二十五歳の青年が百歳の老人を息子であるというようなものではないか。そして、釈尊に説明を求めたのである。その疑問に対する回答が、「如来寿量品」である。

まず釈尊は、「善男子たちよ、私を信頼せよ。真実のことばを語る如来を信ぜよ」とおごそかに三度告げてから、次のように語る。

「世間の者たちは、自分が釈迦族の王家から出家して、ガヤーにおいてさとりを開いたと思っている。しかし、そのように見るべきではなく、実は自分がさとりを開いてからすでに幾千万億劫《こう》という無量の時間が過ぎ去っているのだ」

劫《こう》（カルパ）というのは想像を絶する時間の長さであるが、しかも幾千万億という劫、要するにはかり知れない無量の時間、幾千万億という世界において、人々に教えを説いてきたという。そして、自分の寿命が尽きるまでは、まだ無量の時間があると告げる。このように、仏の寿命は時間的・空間的な制約を超えていて、仏は無限の過去から無限の未来に至るまで、ありとあらゆる世界で真理を説き続けているのであるとする。これが久遠の本仏の思想である。

それでは、何故クシナガラにおいて釈尊が入滅したとされるのであろうか。それは、人々が「如来は常にいる」と考えて安心し、努めることを怠ってしまうといけないから、如来は死んだと告げたのであるという。ここに、「良医治子《ちし》の譬」が説かれている。

ある名医が外国に出かけている間に、彼の子供たちが毒物を飲んで苦しんでいた。医師は旅から帰り、毒によく効く薬を調合した。正気の子供たちはその薬を飲んで全快するが、気の転倒している子供たちは、どうしてもその薬を服用しようとしない。そこで、医師は再び外国に行き、毒に苦しむ子供たちに「父は死んだ」と知らせた。子供たちは頼る人がいなくなったことを悲しんでいるうちに正気にもどり、薬を服用し、彼らも毒の苦しみから解放された。そこで医師は初めて無事な姿を彼らに示したのであった。

この譬で、毒に苦しみつつもなお薬を飲まない子供たちは迷妄に苦しむ衆生であり、父親は久遠仏を表す。父が死んだと言って子供たちを毒害から救ったことは、久遠仏が入滅したと言って迷える衆生を正気にもどしたことに喩《たと》えられる。

なお、この「寿量品」（鳩摩羅什訳）の後半の偈《げ》（詩節）の部分は「自我偈」と呼ばれ、天台宗などで日常に読誦されている。その冒頭の部分を引用して本稿を終えることにする。

「自《じ》我《が》得《とく》仏《ぶつ》来《らい》所《しょ》経《きょう》諸《しょ》劫《こっ》数《しゅ》
無《む》量《りょう》百《ひゃく》千《せん》万《まん》億《おく》載《さい》阿《あ》僧《そう》祇《ぎ》
常《じょう》説《せつ》法《ぽう》教《きょう》化《け》無《む》数《しゅ》億《おく》衆《しゅう》生《じょう》
令《りょう》入《にゅう》於《お》仏《ぶつ》道《どう》爾《に》来《らい》無《む》量《りょう》劫《こう》」

（われ仏を得てよりこのかた
経《へ》たる所の諸の劫数は
無量百千万億載阿僧祇なり。
常に法を説きて無数億の衆生を教化して
仏道に入らしむ。しかりしより来《このかた》無量劫なり）

（上村勝彦）

観音経——観世音による救済

観音経の思い出

『観音経』については、個人的な思い出がある。筆者は寺に生まれ育って、名目だけではあるが僧侶の資格を持っている。私——しばらく一人称を用いることをお許しねがいたい——は、観音様として一般に知られる金龍山浅草寺《きんりゅうざんせんそうじ》に所属している。浅草寺はかつては天台宗であったが、現在は独立して聖観音宗《しょうかんのんしゅう》となっている。

僧侶というと、ずいぶん気楽な「稼業」のように思われがちだが、私は年少のころからこの「稼業」が嫌で嫌でしかたなく、機会さえあれば寺の外へ飛び出したいと考え続けていた。私は否応《いやおう》なく、いわば運命に支配されて、僧侶という「稼業」に縛りつけられていた。私にとって、出家とは寺の外に出ることであった。だが、いつごろからであろうか、私は寺に生まれあわせた宿世の因縁に感謝する気持になっていた。

私は子供のころから、観音様をいつも拝むようにしつけられた。そして、『観音経』を読まされた。学生時代は、信仰などとは無縁のように考えていたが、しかし何かことがあるたびに、どうしても観世音を意識せざるを得なかったのも事実である。観音菩薩は絶えず私のそばにいらした。観世音の飛翔《ひしよう》するお姿が大空に遍満しているかのような錯覚（それは果たして錯覚であったろうか？）にとらわれたこともあった。しかし、そのことを誰にも言わなかった。もし言ったとしても、「気が狂った」とでも冷笑されるのがおちであったろう。若者が本気で信仰を表明できないような雰囲気が現代日本にはあるのだ。

やがて、私は文部省の派遣留学生として、インドに留学することになった。そして、清水谷恭順《しみずたにきようじゅん》大僧正のところに挨拶にうかがった時、大僧正は私に一冊の『観音経』を渡し、これを毎日読誦せよと言われたのである。

二年間のインド滞在中、いろいろなできごとがあった。『観音経』は私の心のささえとなった。インドという荒涼たる世界。金も力も持たない民衆は信仰のみによりどころを求めている。私は堂々と言えるようになった。自分は観世音を信じていると。観世音はインドの大空にも遍満していた。わが国の「知的な人々」に自己欺瞞《じこぎまん》と嘲《あざけ》られてもかまいはしないという気になれた。

観音経の成立

観音菩薩は現在に至るまで、東アジア諸国において民衆の信仰を一身に集めて来た。観音は、観世音とも呼ばれるが、その原語はサンスクリット語の、アヴァローキテーシヴァラ（Avalokiteśvara）で、アヴァローキタ（avalokita）とイーシヴァラ（īśvara）とが合成したものである。「アヴァローキタ」は「見られた」という意味であるから、「観」と訳し得る。しかし、「イーシヴァラ」には「音」という意味はない。「イーシヴァラ」は「自在」という意味だから、玄奘三蔵（七世紀）は、観音を「観自在」と新訳した。有名な『般若心経』の冒頭で、「観自在菩薩」が登場するが、あれは玄奘訳である。こうして、七世紀になって初めて「観自在」という訳語ができたのであるが、それでは、それ以前からあった「観世音」や「観音」という訳語は誤訳であったのだろうか？　古い訳経者たちが、「イーシヴァラ」を「音」と訳すなどという、そんな初歩的な誤訳を犯したのであろうか？

観音信仰を説く最も古く最も重要な経典は、いわゆる『観音経』である。ところで、『観音経』と呼び親しまれているものは、実は『法華経』の第二十四章のことである。

鳩摩羅什の中国語訳（『妙法蓮華経』）でいえば、「普門品《ふもんぼん》、第二十五」にあたる。「普門」の原語である「サマンタ・ムカ」（Samanta-mukha）は、「あらゆる方向に顔を向けた者」という意味で、観音菩薩のことを表す。この「普門品」のサンスクリット本に出てくる観音は、「アヴァローキテーシヴァラ」であり、「観自在」と訳さるべきであるが、鳩摩羅什の訳では「観世音」となっており、偈《げ》（詩節）の部分（もともと鳩摩羅什訳には欠けていた）では「観音」と訳されている。また、竺法護《じくほうご》（三世紀）訳『正法華経』では「光世音《こうせおん》」となっている。こうしてみると、どうしても「音」という意味が原語に含まれていたと考えざるを得ない。果たせるかな、中央アジアで発見された「普門品」のサンスクリット古写本には、「アヴァローキタ・スワラ」（Avalokita-svara）という原名が現れている。「スワラ」は「音」という意味であるから、「アヴァローキタ・スワラ」なら「観音」と訳せる。しかし「観世音」や「光世音」という訳語がどうして出てくるのかという疑問が残り、この問題はいまだ完全には解決されていない。

さて、『観音経』、すなわち「普門品」だが、この章は『法華経』のうちでも独立した経典のように取り扱われ、特に好んで日常に読誦されてきた。『法華経』全体の構成から見ても、この「普門品」はきわめて特異な章である。この章は、『法華経』構成の分類上、本門の「流通分《るづうぶん》」に含まれる。一般に、「流通分」においては、『法華経』という経典自体が口を極めて讃美《さんび》され、『法華経』を広める者の功徳が説かれるのであるが、この「普門品」では、ひたすら観世音の救済が説かれるのみで、『法華経』自体のプロパガンダは全くなされていない。あたかも、『法華経』の全体的な流れと関係なく挿入されているという印象を受ける。であるから、またその他の理由からしても、この章は観音信仰が流行しはじめた時期に、『法華経』の中に編入されたと推測されるのである。しかし、『法華経』の原型は現在見られるもののような整った形式をとっていなかったであろうから、最初期においてすでに「普門品」が『法華経』の中に含まれていたということも、全くあり得ないことではない。いずれにせよ、「普門品」が『法華経』に編入されねばならなかった何らかの事情があったにちがいない。

観音経の梗概

以下に『観音経』の内容を紹介する。主として中国や日本に最も多大な影響を与えた鳩摩羅什の訳にもとづき、適宜にサンスクリット本を参照した。

『観音経』の出だしはきわめて唐突である。まず、いきなり、無尽意《むじんに》（アクシャマ・マティ）という名の菩薩が登場する。「アクシャマ・マティ」とは、「不滅の智慧を有する」という意味であるが、この菩薩がいかなる菩薩であるか、我々は全く予備知識を与えられていない。無尽意は座席から立ち上がり、観世音菩薩のことを釈尊に尋ねる。

「世尊よ、観世音菩薩はいかなる理由で観世音と呼ばれるのですか」

釈尊は答える。

「もし数限りない衆生が様々な苦悩を受けた場合、観世音菩薩の名を聴き、心にとめれば、たとい大火に落ちても、観世音の威神力によって火から教われるであろう。また、大水に流されても、観世音の名を呼べば、浅い場所に行きつくであろう。

大勢の人々が種々の宝を求めて大海にのり出したとする。そして、暴風に吹かれて、羅刹鬼《らせつき》の島にたどりついたとする。その時、人々のうちのたとえ一人でも観世音の名を称えたならば、すべての人が羅刹の難から逃れることができよう。この理由により、観世音は観世音と呼ばれるのである。

ある人がまさに殺されようとする時、観世音菩薩の名を呼べば、処刑者の刀は砕けて、殺されずにすむであろう。また、三千大千世界に、夜叉《やしゃ》、羅刹などが満ち満ちていても、人が観世音の名を称えるのをこれらの悪鬼どもが聞けば、彼らも危害を加えることができないだろう。また、もしも誰かが杻械《かせ》とか鎖などでつながれたとしても、観世音の名を称えれば杻械などはみな解けてしまうであろう。

この三千大千世界が賊などで満ちている時、一人の隊商長が大勢の商人を従え、高価な宝を持って旅行していたとする。賊に襲われた時、観世音の名を呼べば、賊から免れることができよう。観世音菩薩の威力はこのようにすばらしいものである。

愛欲に耽《ふけ》る者でも、怒りにかられた者でも、愚かしき者でも、観世音菩薩を敬えば、たちどころに、欲や怒りや愚かしさから離れることができる。観世音菩薩はこのような大威神力をそなえているのである。

また、もしも女性が息子を得たいと願って観世音を礼拝すれば、すぐれた息子を産むであろう。もし娘を得たいと願えば、すばらしい娘を産むであろう。観世音菩薩にはこのような力があるのである」

続いて、釈尊は無尽意に尋ねる。

「もしもある人が、六十二億（サンスクリット本では「六十二」）のガンジス河の砂の数に等しい菩薩（サンスクリット本では「仏」）を敬い、飲食や衣服などいろいろのものを供養したとすれば、その人の功徳は多いであろうか？」

無尽意は答える。

「世尊よ、非常に多いです」

そこで、釈尊は続ける。

「たとえ一度だけでも、観世音を敬ってその名を心にとどめる人の功徳は、このように多数の菩薩（仏）を崇《あが》めた人の功徳と全く同じであり、その両者の功徳は百千万億劫の間にも尽きることはないであろう。観世音の名を心にとどめれば、このように無量無辺の功徳を得るのである」

続いて、無尽意は次のような質問をする。

「観世音菩薩はどのようにしてこの裟婆《しゃば》世界を遊行《ゆぎょう》して、衆生のために教えを説かれるのですか？　またその教化の方法はどのようなものでしょう」

それに答えて、釈尊は、観世音が、仏、辟支仏《びゃくしぶつ》、声聞《しょうもん》、梵天《ぼんてん》、帝釈天などの種々の変化身を現して、衆生のために教えを説くことを告げる。これが、いわゆる三十三身十九説法であるが、後世によく知られるこれらの数は、必ずしも厳密ではないようである。

釈尊はなおも続ける。

「観世音菩薩はこのような功徳を成就し、種々の形をとって諸々の世界で遊行し、衆生を救うのである。であるから、汝らは一心に観世音菩薩を供養すべきなのである。

この観世音菩薩は、怖れおののく者によく無畏《むい》（恐怖なきこと）を施す。この故に、観世音はこの裟婆世界において施無畏者《せむいしゃ》（恐怖なき状態を与える者）と呼ばれるのである」

その時、無尽意菩薩は釈尊に、

「世尊よ、私どもは観世音菩薩を供養いたします」

と申し上げる。そして、その承諾を得て、百千金に価する頸飾《けいしょく》（瓔珞《ようらく》）を自分の首からはずし、観世音にさし出す。しかし、観世音はそれを受けようとしない。そこで無尽意は、

「我々を愍《あわ》れむが故にこの頸飾を受けて下さい」と頼む。釈尊の口ぞえもあったので、観世音菩薩は諸々の生類を愍れんでその頸飾を受け取る。そして、その頸飾を二つに分け、一つを釈尊に贈り、もう一つを多宝仏の塔に懸ける。

世尊偈

以下、「世尊妙相具《せそんみようそうぐ》」にはじまる偈《げ》（詩節）は「世尊偈」と呼ばれている。略式に

『観音経』を読誦する場合には、この「世尊偈」のみを読むこともしばしばある。この「世尊偈」はもともと鳩摩羅什訳の『妙法蓮華経』にはなく、また、竺法護《じくほうご》訳の『正法華経』にもなかった。闍那崛多《じゃなくった》と達摩笈多《だつまぎゅうた》の訳した『添品《てんぽん》妙法蓮華経』によって補ったものである。「観世音」の訳も「観音」となっている。この偈の出だしの部分にはいろいろと問題点も多い（例えば松濤誠廉他訳『法華経』II、中央公論社、訳註(177)を見よ）が、今は常用経典の「世尊偈」の内容を紹介することにする。この場合も、適宜にサンスクリット本を参照した。

無尽意が、「この仏子はいかなるわけで観世音と名づけられるのですか」と問うたので、釈尊は答える。

「たとえ悪意のある者が、ある人を火の穴に落としたとしても、その人が観音を念ずれば助かるであろう。

大海に漂流し、龍《りゅう》や怪魚などに襲われても、観音を念ずれば、海中に没することはない。

あるいは、須弥山《しゅみせん》（メール山）から突き落とされたとしても、観音を念ずれば、太陽のごとく、空中にとどまるであろう。

また、悪人に追われて、金剛山から落ちても（サンスクリット本「誰かが金剛石ででき た山を頭に投げつけたとしても」）、観音を念ずれば、一毛たりとも損ずることはないであろう。

あるいは、敵が囲んで刀を手にして危害を加えようとしても、観音を念ずれば、敵どもは即座に慈《いつくしみ》の心を起こすであろう。

あるいは、まさに処刑されようとしても、観音を念ずれば、処刑用の刀は砕けてしまうであろう。

あるいは、足枷《あしかせ》などで縛られても、観音を念ずれば、それらは自然と解けることであろう。

呪詛《じゅそ》や毒薬などで身を害《そこな》われそうになっても、観音を念ずれば、害を加えようとした者がかえって身を滅ぼすであろう。

諸々の悪鬼どもに襲われたとしても、観音を念ずれば、それらは逃げ去るであろう。

毒蛇などに囲まれても、観音を念ずれば、それらはたちまち逃げ去るであろう。

すさまじい雷雨にあっても、観音を念ずれば、雷雨は即座に静まってしまう。

衆生が災禍に陥って、ひどく苦しんでいても、観音はすぐれた智慧の力によってそれを知り、救済してくれる。

観音は神通力をそなえ、智慧による教化の方法を知り尽くし、ありとあらゆる世界に姿を現す。すると人々のすべての苦しみは次第に消滅することであろう」

以下、「真観清浄観《しんかんしょうじょうかん》 広大智慧観《こうだいちえかん》」に続く数偈は、「世尊偈」の中でも特に名調子のところであり、ここで『観音経』を読誦する人の声の調子も最高潮に達する。漢訳の常用経典はサンスクリット本とかなり異なり、かつ簡潔である。今は、常用経典を読み下し文で引用することにする。

「真観清浄観　広大智慧観
悲観及び慈観　常に願い常に瞻仰《せんごう》すべし。
無垢《むく》清浄の光ありて　慧日《えにち》諸の闇を破し
能《よ》く災の風火を伏して　普《あまね》く明かに世間を照す。
悲体の戒は雷震《らいしん》のごとく　慈意《じい》妙《たえ》なること大雲のごとく
甘露の法雨を澍《そそ》ぎ　煩悩の燄《ほのお》を滅除す。
諍訟《じょうじゅ》して官処《かんじょ》を経《へ》　軍陣の中に怖畏《ふい》せんに
彼《か》の観音の力を念ぜば　衆《もろもろ》の怨《あだ》悉く退散せん。

妙音観世音　梵音海潮音《ぼんのんかいちょうおん》
彼の世間に勝《すぐ》れたる音あり　この故に須《すべから》く常に念ずべし
念念に疑を生ずること勿《なか》れ　観世音　浄聖《じょうしょう》は
苦悩死厄に於《お》いて　能《よ》く為に依怙《えこ》と作《な》れり。
一切の功徳を具して　慈眼をもって衆生を視《み》
福聚《ふくじゅ》の海無量なり　この故に応《まさ》に頂礼《ちょうらい》すべし」

その時、持地《じじ》（ダラニンダラ）という菩薩が座席より立ち上がり、釈尊に向かって次のように申し上げる。
「世尊よ、もし衆生がこの観世音菩薩についての章を聞いたならば、その人の功徳は少なくないでしょう」と。
釈尊がこの「普門品」を説かれた時、そこに集まった八万四千の衆生はみな、比類のない最高にして完全なるさとりを得たいという心（無等等阿耨多羅三藐三菩提心《むとうどうあのくたらさんみゃくさんぼだいしん》）を起こした。

（上村勝彦）

維摩経――沈黙と討論

経名について

『維摩経《ゆいまぎょう》』の原典はサンスクリット語で書かれ、原典の名称はヴィマラキールティ・ニルデーシャ（Vimalakīrti-nirdeśa）であった。「ヴィマラキールティ（人名）の説教」という意味である。

ヴィマラキールティを漢字に翻訳したときに、音写語訳したものと意訳したものとの二つがある。音写語訳として、維摩詰《ゆいまきつ》、毘摩羅詰《びまらきつ》、毘摩羅吉利致などがあり、意訳として離垢称、無垢称、浄名などがある。この中で維摩詰の訳語が一般的になり、略して維摩となり、古来『維摩経』と呼ばれるようになった。

漢訳本ではみなこの仏典に「経」の文字をつけているが、さきに紹介したように原典にはスートラ（sūtra）の語がなかったと思われる。つまり釈尊の教説ではないのでスートラとするわけにはいかないのである。しかし漢訳者たちは釈尊の説教（ニルデーシャ）と考えて「経」の文字を付加している。もっともヴィマラキールティは仏の化身と考えられているから、結果的には仏の説教となるから「経」ということもできる。チベット語に翻訳されたものの題名には「聖無垢称の説示と名づける大乗経」というように「経」（ムドー mdo）がついているので、このサンスクリット原典にはスートラの語があったとも考えられる。

維摩経の成立とその歴史的社会的背景

大乗仏教は在家信者を中心とする宗教改革運動といえる。従来の出家教団の権威主義や保守主義に対する批判、その改革が表面化して在家生活の中に真の仏教の姿を見てゆこうとする思想が大きな仏教改革運動に発展したのである。

大乗仏教が打ち出した思想は空の実践理念である般若波羅蜜（智慧の完成）である。これは『般若経』という経典の形でまとめられ、唱道され、伝道された。大乗仏教の宗教運動は西紀前一世紀ごろに始まっていたとされるが、これが文献の上では『般若経』において表された。この経典の原型は西紀前一世紀ごろには成立していたらしく、漸次内容が増幅され、種類も数種を数え、般若経典群をなすに至った。般若経典群の中で主なものは、西紀後二世紀中ごろには成立していたといわれている。『維摩経』はこの般若経典群のいくつかのものに影響を受けて成立したものである。これの成立の年代は確定できないが、初めてこれが漢訳された年代が西紀後一八八年と伝えられているので、これより一〇〇年さかのぼったとして、西紀後一世紀後半には原典は存在していたと推測される。このように『維摩経』は大乗仏典の中では最古の経典の一つと考えてよい。

『維摩経』がどこで書かれ、出版されたかは確定できないが、この経典が初めて人の耳に触れたという時点で考えれば、この経典の成立した場所は推定することができる。経典の所述するところでは、ガンジス河の北方にある商業都市で栄えたヴァイシャーリー (Vaiśālī) がそれである。中インドに所在するヴァイシャーリーはリッチャヴィ (Licchavi) 族がつくった都市だといわれる。この種族には早くから仏教の信者になった者が多く、集団をなして説教を聞きに行ったことが伝えられている。信心深い者が多かったようである。この種族は一面進取的な自由な気風を持っていたようであるし、悪くいえば強情な面をもっていたともいえる。

仏教教団は釈尊がなくなってから一〇〇年ほど経って分裂した。実は、この分裂のきっかけをつくったのが、この種族出身の僧侶たちだった。教団の規律（戒律）は厳しいに越したことはないが、それも保守的伝統的であってはならない。時処位に応じて改変して、融通性、時宜性を持ったものでなければならないとして彼らは改革を強調した。ここでついに仏教教団は二分してしまい、彼ら改革派の流れが後に大乗仏教に発展したのである。これによってもリッチャヴィ族は一般にかなり強い自由精神を持っていたと思われる。

おそらく、大乗仏教の宗教運動の発端は、あるいはリッチャヴィ族が建設したヴァイシャーリー都であったのであろう。ここにおいて『維摩経』は成立したと考えられるのだが、この経典の自由精神は、この土壌の中から生まれたともいえるだろう。主人公のヴィマラキールティもこの都市の住人で、リッチャヴィ族の商人である。この人物が実在したかどうかは疑問だが、玄奘三蔵の旅行記には、三蔵がインドに渡った時は、ヴィマラキールティが居住したとされる家がヴァイシャーリーのマンゴー樹園から東北方三里の所にあり、話題の病室も残っていたと記録されている。

維摩について

ヴィマラキールティという呼び名は我々にはあまり耳なれないので、この項では従来からの維摩と呼ぶことにする。

維摩は古来、居士《こじ》という称号をつけて呼ばれ、維摩居士といわれている。居士はグリハパティ（gṛhapati）の訳語で、富豪または徳のすぐれた人を意味するもので、起源的にはギルドの指導者、資本家のこととされる。これによって維摩は有徳の資産家であったことが知られる。維摩は維摩詰の略名で、そして維摩詰はヴィマラキールティの音写語訳であることも前に述べた。ヴィマラ（vimala）とは「汚れがない」、キールティ（kīrti）は「名声・評判」という意味で、したがってヴィマラキールティとは「汚れがないという名声をもった人」という意味の名前であり、これは本名ではなかったと思われる。

彼は在俗の人で、ヴァイシャーリー都に居住する「街の道人」「街の哲人」ともいえる人物で、比類のないほどの財産を持った資産家である。俗衣をまとい、家庭生活を営み、飲食を享受し、賭事《かけごと》やばくちをする場所にも出入りし、遊びに通じ、色街にも通い、酒場にも足をはこぶことも多いのである。仏教以外の教えにも耳を傾け、それらの書籍を読み、政治・法律にも詳しく、街の治安にも協力し、学校にも顔を出す。いろんな会合にも招かれれば喜んで出席する。そのような彼を資産家たちも、在家信者たちも、バラモンや、王族や、町人なども、さらに諸天でさえ尊敬するのである。なぜかというと、彼は自ら身を処すところにおいて、彼の周りの人々をいつの間にか正しい道に導いているからである。「随所に主となる」ということばがあるが、まさに維摩居士はその場の主人となっているのである。どこにあってもそこの色に染まることなく、垢《よご》れに穢《けが》れることがない。泥池の蓮の花となっている。そこで誰言うとなく、ヴィマラキールティと呼んだのだと思われる。

金持といっても金銭に執着してはいない。学識があるからと学者ぶるのでもない。世間では悪の巣窟《そうくつ》だといわれるところでも、そこを避けて通るわけでもない。彼は人間がそれぞれ生きざまをさらけだしている生活の場にはすべて立ち寄り、そこで人間の正しい生き方を教えているのである。

『維摩経』の作者は維摩居士を大乗仏教が最も理想とする人物として世間に知らせたかったのであろう。大乗仏教徒の宗教的理想像がこの人物にあったといえる。しかし一方、小乗仏教徒からすれば、維摩居士のような人物は型破りの、釈尊を冒瀆《ぼうとく》する人物として軽蔑《けいべつ》すべきものだったと想像される。

『維摩経』の中で維摩居士は釈尊の十大弟子を子供をあしらうようにきりきり舞いさせているのである。十大弟子たちは維摩居士を怖れている。維摩居士の病気見舞いに行くように釈尊から依頼されるのだが、以前に維摩居士に痛い目にあわされているので辞退をする。十大弟子たちはここでは小乗仏教徒ということになっているのである。経典は釈尊在世時代を設定しているが、維摩居士が当時在世したのではない。大乗経典であるから、時代は数百年あとになる。だから、一方『維摩経』の成立した時代に十大弟子が生存していたということもおかしいことになる。内容はしたがってフィクションでしかないが、大乗と小乗の対決を維摩居士と十大弟子という人間設定で説明しているところが興味深いといえよう。

こんなすぐれた維摩居士が実在したかどうかは別として、経典はこの人物は実は昔、はかり知れないほどの多くの仏たちを供養して、深く善根を殖《う》え、さとりを得ていた人であって、神通力を得、すぐれた記憶術を持ち、すべてにたじろぐことのない自信を持ち、すべてに対処できる方便力をそなえた人で、それがこの世界に今、維摩居士という姿で化身して現れてきているのだ、と述べている。つまり、維摩居士は仏の化身なのである。

維摩経の後世への影響

インドの大乗論書の中にはこの経典をサンスクリット文で引用されたところがあり、この原文の一端を知ることができる。それら論書の引用文の中には現存の漢訳本にない文もあり、注目しなければならない。後世にコータン語やペルシャ語の一方言であるソグド語に翻訳されているが、みな断片でしか発見されていない。翻訳されたもので完全な形で残っているのは、チベット訳と漢訳とだけである。

インドでは、この経典は著名な学僧たちの著書に引用されており、彼らに多大な思想的影響を与えていることを指摘できる。龍樹（ナーガールジュナ）の『大智度論』『中論』や、世親（ヴァスバンドゥ）の『浄土論』などに『維摩経』の文章が重用されている。

最初に漢訳されたのは、一八八年に厳仏調《ごんぶっちょう》による『古維摩詰経』一巻であるが、現存していない。このあと六回翻訳されたが、現存するものは三本だけで、その中で古来、よく読まれているものは、鳩摩羅什《くまらじゅう》訳『維摩詰所説経』三巻（四〇六年訳）である。中国人による『維摩経』の註釈書には玄奘三蔵訳の『維摩経』を底本にしたものもあるが、多くは鳩摩羅什訳本を用いていることからみて、彼の訳本は広く読まれていたことが知られる。

『維摩経』が中国でも重用せられた理由の一つとして、維摩居士の生き方に興味があったといえる。彼は中国の禅僧の生き方に大きな影響を与えたことは否定できない。維摩居士の再来といわれた禅者龐居士《ほうこじ》（？—八〇八年）がいる。彼は俗人としての生活を営み、凡夫でありながら一切を了畢《りょうひつ》すること、つまり了事の凡夫として自己を全うすることを志していた。彼は当時の名だたる禅僧たちと互角にわたりあい、法戦《ほっせん》した。中国の維摩居士と呼ばれた彼以後、禅宗と維摩居士とは切っても切れない間柄になり、維摩居士は禅者の体質にまでなったといえる。

中国詩人の中に維摩居士の名にならって自分の名前をつけた人がいる。王維《おうい》その人である。彼は仏教信者であるが、仏典に造詣《ぞうけい》が深く、彼の詩の中には、無生、道心、空門、夜禅などの仏教用語や、仏典を典拠とする故事が出てくる。彼は字《あざな》を摩詰《まきつ》といい、名前の維と合わせて「維摩詰」となるようにした。彼は居士の生き方に共鳴し自らを維摩詰とも呼ぶほどに『維摩経』を愛読していたことが伺われる。

わが国では聖徳太子が『維摩経』を註釈し、これの中で太子は男女平等を強調し、さらに隠棲《いんせい》した修行僧のあり方を批判して、維摩居士にならった在俗の坐禅《ざぜん》を強調している。平安時代になると多くの学僧たちによって『維摩経』は研究され、註釈書が多く著された。註釈書は所詮研究書でしかなく、実践とはかけはなれており、世人の要求を満たすものではなかった。鎌倉時代になると、親鸞が『維摩経』の思想を受けて、念仏思想を一層深め、さらに妻帯した俗生活を通して世間に向けた利他行の精神を強調したのである。

『維摩経』が学僧ばかりでなく、世人に与えた影響ははかり知れないが、いまはそのいくつかを紹介したにすぎない。

維摩居士の説教

ヴァイシャーリー都の資産家維摩居士が病気で床に臥していた。彼の病気を聞いて多くの人々が見舞いに来た。その見舞客の一人一人に、彼はいつもと同じように慈愛のこもったことばでお礼を述べ、各々に心の安らぎとなる教えを与えた。

そのころ、彼の家から一二キロぐらい離れたところにあるマンゴー樹園の中に釈尊が居住して、弟子たちに説法しておられた。釈尊は維摩居士が病臥《びょうが》していることを聞かれ、舎利弗《しゃりほつ》など十大弟子といわれる高弟たちや弥勒菩薩など数人の菩薩たちに彼を見舞ってくれるようにと各々に順次に依頼されたが、彼らは異口同音にその任に堪えませんといって辞退した。彼らが辞退した理由というのは、かつて維摩居士に修行のことで厳しく誤りを指摘されたり、ときには叱責《しっせき》されたりなどひどい目にあっているから、とうてい見舞いなどに行ける気などにはなりませんということであった。

釈尊は、彼ならばと思って頼まれたものが次々に断わるので困ってしまって、ついに切札の文殊《もんじゅ》菩薩に依頼された。ところが彼も「維摩居士のお相手ができる柄ではありませんが、わが身を省みず、ご命令をお受けして、釈尊の聖旨《しょうし》を奉じて見舞ってまいります」と言って犠牲的精神をもって承諾したのである。文殊菩薩が見舞いに伺うことが決定すると、それまで辞退した者たちは、もう自分たちに責任はないという安心から文殊菩薩のあとにわれもわれもと随行した。随行した者数千人であったという。

文殊菩薩は釈尊の気遣いをことこまかに伝え、維摩居士に病気の原因を尋ねた。これに対して維摩居士は「人間は無明（根本的無知）と生への欲望とにより病気にかかるのです。私も同じです。ただ私の場合はすべての人々がそのような原因により病気にかかるから、憐《あわれ》みのあまりに同じように病気にかかっているのです。すべての人々の病気が治癒されれば、同時に私の病気も治癒されます。子を思うあまり、子が病めば親も病むに似ています。私の病気は人々に対する慈悲から生じたものです」と答えた。彼の病気は仮病であったわけである。さらに文殊菩薩との会話は続くがしばらくして、維摩居士は文殊菩薩に随行した菩薩たちに声をかけ、みんなに一つの問題を呈した。それは「不二の法門（相対の差別をこえた絶対平等の境地）に入るとはどういうことか」という質問であった。これに対して文殊菩薩も含めて三十二名の菩薩たちが自己の体験を通しての意見を述べた。これは「不二」をテーマにしたシンポジウムである。いま、三十二名の菩薩たちの意見をすべて紹介するわけにはいかないので、いくつか分かりやすいものを順に挙げてみることにしよう。

法自在《ほうじざい》菩薩の意見

「生と滅とは対立する二つです。しかし一切のものは本来生ずるものではありません。したがって滅するものもありません。このように一切のものは不正であるという法を会得することが不二の法門に入ることです」

徳守《とくしゅ》菩薩の意見

「自我とわがものとは対立する二つです。しかし自我によってわがものの観念が生じ、自我がなくなればわがものの観念はなくなります。このように会得することが不二の法門に入ることです」

徳頂《とくちょう》菩薩の意見

「汚れと清浄とは対立する二つです。しかし汚れに汚れの本性はなく清浄に清浄の本性はありません。したがって二つにその本性がありませんから対立するところはありません。これを会得することが不二の法門に入ることです」

善宿《ぜんしゆく》菩薩の意見

「心の動揺とその執着とは対立する二つです。もし心の動揺がなければ執着はありません。執着がなければ思量分別はなくなります。これを会得することが不二の法門に入ることです」

妙臂《みようひ》菩薩の意見

「菩薩の心と声聞の心とは対立する二つです。しかし本来、心の姿は空であり幻にすぎません。したがって菩薩の心とか声聞の心とかいって対立するものはありません。これを会得することが不二の法門に入ることです」

弗沙《ほつしや》菩薩の意見

「善と不善とは対立する二つです。もし善と不善とを遠離して中道の理を会得すれば、それが不二の法門に入ることです」

獅子《しし》菩薩の意見

「罪と福徳とは対立する二つです。しかし般若（智慧）によってみれば罪の本性はなく、罪に束縛されることもなく、したがって罪から解脱することもないのです。ここに罪と福徳の対立はありません。これを会得することが不二の法門に入ることです」

那羅延《ならえん》菩薩の意見

「俗世間と出世間とは対立する二つです。俗世間の本性は空であると知れば、そこは出世間です。出世間では証入とか退転とかがありません。これを会得することが不二の法門に入ることです」

善意《ぜんい》菩薩の意見

「輪廻《りんね》（生死）とさとり（涅槃）とは対立する二つです。しかし輪廻の本性は仮幻で空にして、本来輪廻に束縛されることもなく、それから逃れるということもありません。したがって本来さとりもないのです。これが会得される時に不二の法門に入るのです」

雷天《でんてん》菩薩の意見

「智慧（明）と愚癡《ぐち》（無明）とは対立する二つです。愚癡とは智慧がないことで、本来愚癡の実体はありません。この愚癡の無実体を了解するところに智慧の本性があるのです。しかし智慧にも本来実体はないのですから、これに執着してはなりません。このように会得することが不二の法門に入ることです」

長見菩薩の意見

「形あるもの（色）とその現象が空であること（色空）とは対立する二つです。しかし、ものはそのまま空であって、ものが消滅して空であるのではありません。ものの本性が空であります。人間の精神作用も同じです。心が滅して空であるのではなくて、心の本性が本来空であります。これが会得される時に不二の法門に入るのです」

華厳《けごん》菩薩の意見

「自我から彼我の差別が生じ対立します。しかし自我の本性を知るならば、彼我の対立はなくなります。その時、識別する我も識別される彼もなくなります。ここから不二の法門に入るのです」

徳蔵《とくぞう》菩薩の意見

「執着して取捨する（有所得《うしょとく》）時に対立が生じます。一切は本来空と理解し執着をはなれた時に取捨はなくなります。このように取捨の観念をはなれるところから不二の法門に入るのです」

珠頂王《しゅちょうおう》菩薩の意見

「正道と邪道とは対立する二つです。ただ正道を得ているものには全く邪道の観念はありませんから、したがって彼には正邪の対立の観念が見当たりません。正邪の観念を超えています。そこから不二の法門に入るのです」

楽実《ぎょうじつ》菩薩の意見

「真実と虚偽とは対立する二つです。ただ真実を見る者は真実でさえ見ません。まして虚偽でさえ見ません。なぜかといいますと、真実は肉眼では見えませんが智慧の眼では見えます。真実を見る者は見るのでもなく、見ないのでもないようにして見るのです。このようにして不二の法門に入ることができるのです」

このように菩薩たちは次々と自分の意見を述べた。次に彼らが文殊菩薩にも意見の開陳を求めると文殊菩薩は、

「私はこのように考えます。すべてのものは言うに言われず、説くに説かれず、知るに知られず、すべての問いと答えとを離れることが不二の法門に入ることです」

と答えた。これを聞いて他の菩薩たちは自分たちが述べた意見が単なる戯言《たわごと》にしか思えなかった。文殊菩薩は法門の境地を端的に表現しているといえよう。

さて、このように三十二菩薩が述べ終わったあと、代表して文殊菩薩が維摩居士に「あなたのご意見を聞きたい」と尋ねた。周りにいる者たちはどんなことばが聞けるかと期待している。ところがどうだろう。維摩居士は瞑目し黙然として一言も発しないのである。あたりは静寂が漂っていた。と突然、文殊菩薩が「すばらしい、ほんとうにすばらしいことです。文字もことばもない。これぞ不二の法門に入ることです

ね」と讃嘆《さんたん》したのである。

維摩居士は一黙によって不二の法門に入るところを説いたのである。彼の一黙の説法は多言を費やして説明した菩薩たちの意見など足もとにも及ばない法力を持っているといえる。文殊菩薩の「言うに言われず云々」の不二の法門の意見を一黙の実践によって教えたのである。維摩居士は一黙して、ここから不二の法門に入る、と言っているのである。まさに万雷の響きに似ている。

これに似た禅の公案がある。玄沙《げんしゃ》という禅僧が一僧に「真理の道に入る方法を教えて下さい」と言われたとき、「君にあの小川のせせらぎが聞こえるか」と尋ねた。するとその僧は「はい、聞こえます」と答えると、玄沙は「そこから入るがよい」と教えた。ところがこれが後世に伝わり、これを知った一人の居士がある禅僧に「あのとき『聞こえます』と答えたからよかったのですが、もし聞こえませんと答えたら玄沙はどうしたでしょうね」と尋ねた。するとその禅僧はその居士の名前を呼んだ。居士が「はい！」と返事をすると、「そこから入るがよい」と禅僧が言ったということである。これは不二の法門に入る方法を教えているのである。維摩居士と玄沙とは説き方こそ違うが不二の法門に入る方法は同じであるといえる。維摩居士の一黙も玄沙の「そこから入るがよい」もいくら説明しても所詮ことばの上での筋道であって、その真髄には迫るものではない。要するに維摩居士の教えは一黙にあるといわなければならないであろう。その真意は味得するよりほかはない。

（田上太秀）

勝鬘経──王妃の説法

女性の説法

わが国では、仏教は、男性優位の立場をとるものとして、一般に理解されてきた。仏道修行の道場や聖域を限って、女性の出入を禁じた女人禁制などが、こうした受けとめ方を醸成したのであろう。

初期のインド仏教は人間の平等を主張し、当然のことながら、女性にも男性と平等の地位を認めていた。しかし、仏道修行上、万人に本質的な差異はないものとした仏教の男女平等主義も、一般インド社会における女性蔑視《べっし》の通念を、完全に打破するまでには至らなかった。

一般社会の女性軽視思想の影響を受け、仏教内部にも、女性は男性として生まれかわってのみ悟り得るという妥協的な考え方が生じた。これが、いわゆる〝変成男子《へんじょうなんし》〟

と呼ばれる考え方である。

『勝鬘経《しょうまんぎょう》』は、女性軽視はもとより、〝変成男子〟のような考え方さえ、全く問題にしていない。一女性が堂々と高遠な思想を説き、釈尊がその内容を賞讃《しょうさん》する形式をとるこの経は、仏教経典の中で、ユニークな地位を占める経典である。

説法する女性の名は、勝鬘（シュリーマーラー）という。この夫人は、阿踰闍《あゆじゃ》（アヨーディヤー）国の友称《ゆうしょう》（ヤショーミトラ）王の妃《きさき》である。勝鬘夫人は、出家者ではなく、在家の人である。

大乗経典の特色の一つは、日常生活の中に仏教の理想を実現することをめざしている点であるが、在家主義を明確に打ち出している理由で、『勝鬘経』は、『維摩経』とともに代表的な経典として親しまれてきた。

この経の成立年代は、西紀後三—四世紀ころとされ、大乗仏教の中期の経典群の一つとして位置づけられている。仏教思想史の上からは、〝如来蔵思想〟を説く経典として有名である。

『勝鬘経』のサンスクリット語の原本は現存しない。ただ、梵本が現存する仏教の論書に引用されている断片から、全体の十分の一程度の原形を知ることができる。その論書は、『究竟一乗宝性論《くきょういちじょうほうしょうろん》』、『大乗集菩薩学論』、『大乗荘厳経論』などである。

訳本として、漢訳本が二種と、チベット語訳が一種、現存する。
求那跋陀羅《ぐなばつだら》（グナバドラ）訳『勝鬘師子吼《ししく》一乗大方便方広経』一巻。（四三六年訳出）
菩提流支（ボーディルチ）訳『勝鬘夫人会』（『大宝積経』第四十八会）一巻。（七〇六―七一三年訳出）

普通、『勝鬘経』といわれるのは、求那跋陀羅訳で、漢文の註釈書は、みなこの訳に対してなされている。チベット語訳のほうは、菩提流支訳と同じく、『大宝積経』の第四十八会として収録されている。

ここでは、求那跋陀羅訳にそって、内容をうかがってゆくこととしたい。

プロローグ

ある時、ブッダ釈尊は、舎衛国《しゃえこく》（シュラーヴァスティー）の祇園に住んでおられた。当時、波斯匿《はしのく》（プラセーナジト）王と末利《まり》（マリカー）妃は、仏教に入信してまもないころであったが、二人でこんな話しあいをした。

「われらが娘の勝鬘は、非常に賢い。あの娘がブッダにお目にかかれば、速やかに仏法を理解するであろう。たよりをやって、法を求める心を起こさせよう」

こうして、使者が、勝鬘の嫁ぎ先の国、阿踰闍にむかう。

手紙を受け取った勝鬘夫人は、たいへん喜んで、ブッダのお姿を見たいと願う。このように願った時、ブッダは空中に姿を現す。夫人は、礼拝してブッダの功徳を讃嘆する。

「如来の妙なる色身は、世間にともに等しきものなし。
無比なり。不思議なり。このゆえに、いま敬礼したてまつる。
如来の色は無尽なり。智慧もまた然《さ》なり。
一切の法は常住なり。このゆえに、われ帰依したてまつる」（如来真実義功徳章）

夫人が女官たちとともに礼拝すると、ブッダは大衆の中で妃にむかい、彼女がこの上なき完全なさとりを得るであろうと予言したのであった。

十の誓い

ブッダの予言を聞き、勝鬘は、「今日よりさとりに至るまで」破ることがないという次のような十条の誓いを立てる。

(1)戒を犯すような心〔犯心〕を起こさない。

⑵師長に対してあなどりの心〔慢心〕を起こさない。

⑶生き物に対しいかりの心〔恚心《いしん》〕を起こさない。

⑷他人の容色や装身具などに対して、うらやむ心〔嫉心《しっしん》〕を起こさない。

⑸いささかも惜しむ心〔慳心《けんしん》〕を起こさない。

⑹自分のために財産を蓄えない。受ける物があれば、すべて貧しい人を助けるために用いる。

⑺布施など四つの利他行によって人々に尽くすが、自分のために行うことはない。愛着せぬ心、あきぬ心、とらわれなき心をもって、人々のために尽くす。

⑻身よりなき人など、困っている人を見た場合には、救わずにはおかない。

⑼生き物を捕らえたりするような人、戒めを守らぬ者を見すごすことはない。

⑽真実の教え〔正法〕をかたく守って、それを忘れる心を起こさない。


この十条は、経の中で「十大受」と呼ばれている。仏道入門は受戒に始まるが、勝鬘のこの十大受は、受戒に相当するものである。

夫人は、誓いを立てたあとで、「私がこの十大受を受けて実行できると考えて下さるならば、この誓言によって、人々の集まりの中に天の花を降らせ、天の声を聞かせて下さい」と述べる。そのとたん、天の花が降り、「そのとおり。お前の誓ったとおりにできるであろう」と、天の声が聞こえる。

三つの願い

ここでは勝鬘は、さらに三つの願いを立てる。

受戒は、小乗、大乗に共通なことがらであるが、願を立てることは、小乗仏教にはない。内面的な戒を受けて、さらに外へ向かって願を立て、利他行をめざすことは大乗仏教の特色である。

「この実願をもって、無量無辺の衆生を安穏せん。この善根をもって、一切の生において、正法智を得ん。これを第一の大願と名づく。

われ、正法智を得おわって、無厭心《むえんしん》をもって、衆生のために説かん。これを第二の大願と名づく。

われ、摂受正法《しょうじゅしょうぼう》において、身と命と財を捨てて、正法を護持せん。これを第三の大願と名づく」(三願章)

三つの願いは、次のようである。
(1)真実の教え〔正法〕を知る智慧を求める願い。
(2)その智を得たならば、怠ることなく、すべての人々に真実の教えを説いて、教化しようという願い。
(3)真実の教えを身につけるに当たっては、身命をかけて、真実の教えを護《まも》りぬこうという願い。

夫人が、この三つの願を立てたのを聞き、ブッダは、ボサツの無数の願は、すべてこの三大願の中に含められる、と説明する。

摂受正法

十の誓いが三つの願いの中におさめられることが明らかにされた。勝鬘は、さらに、あらゆる誓願がただ一つの大願に集約されると説きすすめる。十から三へ、三から一へと、次第に焦点が絞られ、この一大願を説くことが、『勝鬘経』の眼目になっている。

その一大願とは、いったい何であるか。それは〝摂受正法〟である。真実の教えを受けいれ、身につけることである。

「勝鬘、仏に白《もう》して言《もう》さく。『菩薩のあらゆる恒沙《ごうじゃ》の諸願は、一切みな一大願の中に入る。いわゆる摂受正法なり。摂受正法は真に大願となす』と」

ブッダの賞讃を受け、夫人は摂受正法の功徳を説き、さらに言葉をついで、真実の教え〔正法〕は、まさしく、真実の教えを身につけること〔摂受正法〕に他ならぬことを述べる。

「世尊、摂受の正法と摂受正法者とは、正法に異なるなく、摂受正法に異なるなし。正法は、すなわちこれ摂受正法なり」

また、摂受正法は、ボサツが行う六つの実践行〔六波羅蜜〕に他ならない。

「世尊、波羅蜜に異なるなく、摂受正法に異なるなし。摂受の正法は、すなわちこれ波羅蜜なり」（以上、摂受正法章）

こうして、布施・持戒・忍耐・努力・禅定・智慧という実践行の内容が、具体的に説き明かされる。

勝鬘は言う。——正法を身につけることと、正法を身につけた者とは別のものではない。摂受正法は、身体と生命と財産とを捨てることによって実現される。身体を捨てることによってブッダの法身を、生命を捨てることによって仏法のすべてを得る。また、財産を捨てることによって、すべての人々の供養を受けるに値するものとなる、――と。

ブッダは、勝鬘のこのことばに喜ばれ、摂受正法は、非常な努力を要することであり、大功徳のあることである、と説く。

如来蔵

『勝鬘経』の主題は「摂受正法」であり、その内容として、「正法」（真理）は「摂受正法」（行為）をおいて他にはなく、さらにそれは、「摂受正法者」（行為者）に他ならぬことが説明された。経は、ひき続いて、正法とは何か、摂受正法者とは何者であるかという点を、具体的に論じてゆく。

正法とは大乗のことである。これこそが仏に至る唯一の道である。さとりは如来のみにあり、この如来こそがすべてのよりどころである、という。つまるところ、摂受正法者とは、如来に他ならないのである。

ところで、『勝鬘経』が〝如来蔵〟思想を説く経典であることは、冒頭に述べたとおりである。ここで、如来蔵思想とはいかなるものであるかについて、簡単に触れておかねばならない。

我々は、迷える衆生である。釈尊は、迷いを断ち切って真理に目覚め、ブッダとなった。しかし、釈尊も、さとりを開く以前には、我々と異なることのない迷える衆生の一人であったのである。とすれば、迷える衆生にも、ブッダになり得る可能性はあるのではないだろうか。

ブッダすなわち如来になり得る可能性が皆無であるとしたら、我々の迷いは消えることなく、さとりを求めて修行することも、結局、実りなきものなのではないか。

我々は、そのような可能性を自分が所有していると自覚してはいない。けれども、全く可能性を持っていないとしたら、さとりたいという願いさえも起きはしないであろう。だから、いかなる者も、如来になることは可能なのであろう。

すべての者が、如来になり得るという可能性を有していることを、〝如来蔵〟といい、また〝仏性〟とも呼んでいる。

如来蔵思想は、『勝鬘経』のほか、『如来蔵経』、『不増不減経』、大乗の『大般涅槃経』、あるいはやや時代の降る『楞伽経』などに説かれている。この思想は、『究竟一乗宝性論』によって組織的に論述されたが、さらに『大乗起信論』において大成され、この書を通じて、中国、日本の仏教思想に大きな影響を与えたのである。

さてそれでは、如来蔵について、勝鬘の説くところに耳を傾けることにしよう。

「世尊、生死は如来蔵による。如来蔵をもってのゆえに、本際知るべからずと説く。世尊、如来蔵あるがゆえに生死を説く。これを善説と名づく。世尊、生死し、生死するとは、諸受根の没すると、次第に根の起こることを受けざるとなり。これを生死と名づく。世尊、死生とは、この二法はこれ如来蔵なり。世間の言説《ごんぜつ》のゆえに、死あり生あり。死とはいわく、諸根の壊するなり。生は新たに諸根の起こるなり。如来蔵に生あり死あるにはあらず。如来蔵は有為《うい》の相を離る。如来蔵は常住不変なり。このゆえに、如来蔵は、これ依《え》たり、これ持《じ》たり、これ建立《こんりゅう》たり。

世尊、不離・不断・不脱・不異・不思議の仏法なり。世尊、断と脱と異との外なる有為法の依たり、持たり、建立たるは、これ如来蔵なり。世尊、もし如来蔵なくんば、苦を厭い、涅槃《ねはん》を楽求《ぎょうぐ》することを得ず」

人間はもとより、あらゆる生あるものは、生まれかつ死んでゆく。勝鬘によれば、生も死も如来蔵をよりどころとしているという。生は、諸感覚器官の生まれることであり、死は諸感覚器官の滅することである。したがって、生といい、死といっても、それは世間的な言い詮《あら》わしにすぎない。如来蔵は、生ずることもなく、滅することもなく、絶対の存在〔無為法〕にとっても基盤である。同時に、迷いの世界の存在〔有為法〕にとっても、基盤である。この如来蔵がなければ、人が苦しみを厭い、さとりの世界を求めることもない。

「世尊、如来蔵とは、これ法界蔵なり、法身蔵なり、出世間の上上蔵なり、自性清浄蔵なり。この自性清浄なる如来蔵は、しかも客塵煩悩《きゃくじんぼんのう》と上煩悩とに染せられる不思議の如来の境地なり」

「煩悩は心に触れず。心は煩悩に触れず。いかんぞ触れざる法にして、しかもよく心を染することを得ん。世尊、しかも煩悩あり。煩悩の心を染することあり。自性清浄なる心にして、しかも染することは、了知すべきこと難し。ただ仏世尊のみ、実眼《じつげん》、実智にして、法の根本たり。通達の法たり。正法の依たり。実のごとく知見したもう」

如来蔵は、本性として清らかな存在である。したがって、我々の心もまた、本性上、清らかであるといえよう。しかし、実際のところ、心は、外来的な煩悩によって汚されている。これは、ただブッダのみが知り得る領域である。人間の心は、煩悩によって汚されるものではない。しかし、事実上、我々は限りない煩悩を有している。これは、理解しがたいことである。ブッダのみがあるがままに知見するのである。

ブッダは、右のような勝鬘の説明を聞き、たいそうお喜びになって、この考え方の正しいことを認める。

「自性清浄なる心にして、しかも染汚あることは了知すべきこと難し。二法ありて了知すべきこと難し。いわく、自性清浄心は了知すべきこと難し。彼の心、煩悩のために染せらるることもまた、了知すべきこと難し。かくのごとき二法は、汝とおよび大法を成就せる菩薩摩訶薩《まかさつ》のみ、すなわちよく聴受す。諸余の声聞は、ただ仏語を信ずるのみ」(以上、自性清浄章)

心の本性が清らかであるということも理解しがたいし、心が汚されるということも理解しがたい。勝鬘とボサツのみが聞いて理解できるのであり、その他の弟子たちはブッダの言うことを信ずるほかないのである。

信の道

ブッダは、さらに、真理を体得するための〝信〟の必要性を説く。

「もしわが弟子の随信の信増上する者は、明信により、すでに法智に随順して、しかも究竟するを得ん」

「この五種の巧便《ぎょうべん》の観成就して、わが滅後の未来世の中において、もしわが弟子の随信の信増上する者は、明信によって法智に随順し、自性清浄心と彼の煩悩のために染汚せらるるとを、しかも究竟することを得ん。この究竟は大乗の道に入るの因なり。如来を信ずる者は、かくのごときの大利益ありて、深義を謗《そし》らず」（以上、真子章）

信のある弟子は、信心の光により、真理に従う智の働きで、本性上清らかな心と、その心が煩悩によって汚れていることについての確信を持ち得る。この確信が、大乗の道に入ってゆく起因となるのであるという。

ここで、我々は、真理の世界の把握について、理論理性を超える宗教的信念を強調する大乗仏教の立場を知るのである。

エピローグ

勝鬘の説法が終わると、ブッダは、光を放って一同を照らし、虚空を飛んで舎衛国へお帰りになる。

勝鬘は、城へ帰って夫を大乗仏教へさそい、国中の人民が大乗に帰依することとなった。

舎衛国に到着したブッダは、長老の阿難《あなん》と帝釈天とに、この経を詳しく説き、またこの経典を世界中に布教するよう命ぜられたのであった。

文献

日本の古き時代の教養人たちが親しんだ『勝鬘経』を垣間見る目的で、ここでは漢訳本から引用したが、漢文の読み下しだけでは、内容を理解するためには、どうしても抵抗感がある。しかし、幸いなことに、今日の我々は、『勝鬘経』の現代日本語訳を手にすることができる。

高崎直道訳『勝鬘経』(「世界古典文学全集」第七巻、『仏典』Ⅱ所収)。筑摩書房。昭和四十年。

高崎直道訳『勝鬘経』（チベット訳よりする和訳）（「大乗仏典12」所収）。中央公論社。昭和五十年。

求那跋陀羅訳『勝鬘経』の註釈書として、嘉祥大師《かじょうだいし》吉蔵《きちぞう》の『勝鬘宝窟《ほうくつ》』三巻が名著として知られるが、わが国のものとして、聖徳太子の三経義疏の一つ、『勝鬘経義疏』が名高い。この書の現代語訳もなされている。

早島鏡正訳『勝鬘経義疏』（「日本の名著2」、『聖徳太子』所収）。中央公論社。昭和四十五年。

解説書の類は少なくないが、近年のものとして次の書がある。

雲井昭善著『勝鬘経』（「佛典講座10」）大蔵出版。昭和五十一年。

求那跋陀羅訳に対する解説であり、原始仏教思想と対比しつつ考察を加えている。この書の巻末に、詳しい参考文献表がある。

（松本照敬）

華厳経——無尽荘厳の世界

東大寺の大仏

先日、ニュースで東大寺《とうだいじ》大仏殿の屋根の修理がこのほど完成した旨を伝えていた。大仏殿は大きいから、ちょっとした屋根の修理だけでも五十億円だか百億円だか、気の遠くなるようなお金がいるそうで、それでは、いまあの大仏殿を新しくたてたら、どの位費用がかかるのだろうかと想像してしまう。大仏殿は、いうまでもないが、治承年間に平重衡《たいらのしげひら》の軍に焼かれ、それが鎌倉時代に復興されたのが、下って永禄十年、松永久秀《まつながひさひで》の軍によって再び焼かれ、最終的には宝永年間に当初の規模を大分縮小して再建されて今日に至ったものであるから、天平《てんぴょう》時代の最初の大仏建立がどれほどの大事業であったかは、想像するに余りあるものがある。天平の創建時には重層十一間七面、高さ十五丈六尺、間口二十九丈、奥行十七丈であったのが、現在では左右を二間ずつ減じて七間五面、高さ奥行がほとんど変わらずに間口だけが十八丈八尺となったので、面積が創建時の六割六分ほどになっている。建物としての美しさ、バランスのよさも今日のと比較して天平創建時のそれがどれほど優れていたかは、大仏殿の中にかざってある復元模型を見れば、一目瞭然《いちもくりようぜん》である。そして肝心の大仏様も、今日のは、地震や火事で数度にわたり破壊されたのを幾度か鋳直したもので、当初の面影をとどめているのは、台座の蓮弁《れんべん》のほんのわずかな部分にすぎないのであるが、その蓮弁に残る毛彫りの出来ばえから想像して、彫刻として、きわめて優れたものであったと想像されている。東大寺大仏はいうまでもなく『華厳経《けごんぎよう》』の教主盧舎那仏《るしやなぶつ》で高さ五丈三尺五寸、それを造るのに純銅七十三万九千五百六十斤、純金一万四百四十六両を要した過去現在にわたり世界最大の鋳仏である。それにしても、天平時代の人々、ことに聖武《しようむ》天皇は何と壮大な事業をやってのけたのだろう。当時の国家規模、財力、一般人民の生活程度などを想像すると、全く正気の沙汰《さた》とは思えないのである。

聖武天皇は天平十二年(七四〇年)新羅の僧審祥《しんじようしよう》を請じて金鷲寺《こんじゆじ》において、はじめて『華厳経』を講ぜしめたが、翌年この経にもとづく盧舎那仏建立《こんりゆう》を発願《ほつがん》され、天平十五年(七四三年)、近江信楽《おうみしがらき》京においてその鋳造に着手した。同十八年、予定のごとくに奈良に遷都するとともに、現在の地に檀を構築したが、その際天皇は自らの袖《そで》で土を運んだ、とされる。翌十九年九月に鋳造開始、それと同時に大仏殿の建築にとりかかった。天平二十一年二月陸奥《むつ》国で黄金が発見され、それが献ぜられるや、天皇は大いに感激して四月に天平感宝と改元し、大仏の前に詣《もう》でて、自らを三宝の奴《やっこ》と称してその誠心を表明した。大仏殿と大仏とは天平勝宝三年に完成し、翌四年四月開眼《かいげん》法要が厳修された。インド僧菩提僊那《ぼだいせんな》（ボーディセーナ）を導師とし、未曾有《みぞう》の盛儀であったとされる。

では、東大寺大仏殿が、そして、その本尊盧舎那仏《るしゃなぶつ》がそれ以前にもそれ以後にも比肩するもののない壮麗さであったのなら、それが体現せんとした『華厳経』の世界とは、いかなるものであったのであろうか。また聖武天皇に、そして、当時の貴賤《きせん》を問わざる日本国民にこれほどの壮大な夢を描かせ、かつそれを実現せしめた『華厳経』の精神とは、いかなるものであったのであろうか。

華厳経の由来

『華厳経』は具名に『大方広仏華厳経《だいほうこうぶつけごんきょう》』という。梵名《ぼんめい》は Buddhāvataṁsaka nāma mahāvaipulya-sūtra である。avataṁsaka は、種々なる美しい色の華をつないで造った花輪のような装飾《かざり》を意味する。

漢訳には、完本としては『六十華厳』と『八十華厳』の二本がある。『六十華厳』(『大正大蔵経』―以下『大正蔵』―第九巻、二七八番)は、東晋安帝《とうしんあんてい》の時、仏駄跋陀羅《ぶつだばだら》(Buddhabhadra 三五九―四二九年)が全三十四品を訳して五十巻としたもの(訳出年代四一八―四二〇年)を、その後、華厳宗第三祖で、華厳宗の大成者であるから高祖と称された賢首大師法蔵《げんじゅだいしほうぞう》(六四三―七一二年)が、永隆元年(六八〇年)に入竺《にゅうじく》した日照《にっしょう》が持ち来たった梵本《ぼんぽん》によって欠けた部分を補って六十巻としたもので、晋訳または旧訳という。『八十華厳』(『大正蔵』第十巻、二七九番)は、六九五年、洛陽《らくよう》に来た実叉《じっしゃ》難陀《なんだ》(Śikṣānanda 六五二―七一〇年)が訳した(六九五―六九八年)ものである。また『四十華厳』(『大正蔵』第十巻、二九三番)というのがあるが、これはカシミールの僧般若三蔵《はんにゃさんぞう》が徳宗《とくそう》の一一年(七九五年)より一四年(七九八年)に、別の梵本によって入法界品《にゅうほっかいぼん》を訳して四十巻にしたもので完本ではない。これを別名『大方広仏華厳経普《ふ》賢行願品《げんぎょうがんぼん》』ともいう。その他各章を単独に訳した経典は多い。『八十華厳』は内容上最も完備し、訳文も優れているが、華厳教学上に決定的影響力をもつ賢首大師法蔵の『華厳経探玄記』二十巻(『大正蔵』第三十五巻、一七三三番)が『六十華厳』にもとづくものであるので、『六十華厳』もよく用いられる。聖武天皇の請《しょう》によって日本で最初に『華厳経』を講じた審祥は法蔵の直弟子であり、この時も、もちろん『六十華厳』を『探玄記』にもとづいて講じたのである。

釈尊と盧舎那仏

さて奈良の大仏、すなわち『華厳経』の教主盧舎那仏（Vairocana）は、現実には『梵網経《ぼんもうきょう》』（『大正蔵』第二十四巻、一四八四番）にもとづいて造られた、とされる。事実『梵網経』に次のごとくにいう。

「我已《すで》に百阿僧祇《あそうぎ》劫に心地《しんぢ》を修行し、之《これ》を以《もっ》て因と為《な》して初めて凡夫を捨てて等正覚《とうしょうがく》を成じ、号して盧舎那と為す。蓮華台蔵世界海に住す。其《その》台の周遍に千葉あり、一葉《いちよう》を一世界として千世界を為す。我化して千釈迦と為り、千世界に拠す。後に一葉世界に就《つい》て復《ま》た百億須弥山、百億日月、百億四天下、百億南閻浮提《なんえんぶだい》あり。百億菩薩釈迦《しゃか》ありて百億菩提樹下《ぼだいじゅげ》に坐す。各汝の問う所の菩提薩埵《ぼだいさった》の心地を説く。其余九百九十九釈迦、各各千の百億釈迦を現ずること亦復是《またまたかく》の如し。千葉《せんよう》上の仏は是《こ》れ吾が化身なり。千の百億釈迦は是千釈迦の化身なり。我已に本源と為る。名づけて盧舎那仏と為す。」

東大寺の盧舎那仏はこの千葉を百葉に簡略化した台上に坐すので「蓮台《れんだい》上の本仏」という。各々の花弁上に描かれた合計千人の釈迦仏を「葉上の大釈迦」という。各花弁上に三千大千世界、すなわち千の三乗（本当は十億であるが、なぜか百億という）のこの太陽系の宇宙を描くが、これが合計で「千の百億小釈迦」である。この壮大な世界観のかきたてる夢が、新しい律令制国家という理性的体制の大成者聖武天皇の自負心と理想に合致していたことはやはり事実であったであろう。

『梵網経』は有名な大翻訳家鳩《く》摩《ま》羅什《らじゅう》（Kumārajīva 四一三年没）の訳になり、『華厳経』の結経（エピローグ）とされているが、実は五世紀に中国で撰述《せんじゅつ》されたものらしい。おそらくそうであろう。上に示した盧舎那仏の記述も充分に壮大であるが、本当の『華厳経』の世界はとてもあんなものではないのである。

『華厳経』は歴史上の釈尊が伽耶《ガヤー》の菩提樹下ではじめて無上正等覚（無上にして完全なるさとり）を成じて、第二の七日の晨朝《しんちょう》にその境界をそのまま、普賢《ふげん》菩薩に説いたものとされる。なぜ第二の七日というのかといえば、釈尊は最初の七日間は、もっぱら自らの証悟した真理の境地を自ら楽しんでいて、それを他に向かって説法しようとはしなかったとされるからである。歴史上の仏陀である釈尊はすなわち華厳経世界（蓮華蔵荘厳世界海《れんげぞうしょうごんせかいかい》、略して蓮華蔵世界とか華蔵世界とかいう。海は、海のように広い、という譬えである）の教主盧舎那仏（Vairocana 輝きわたるもの、の意）に他ならないのである。

すこし前までは釈迦と毘盧舎那《びるしゃな》が同体か別体か、などと、何か大問題のように論じている人がいたものであるが、別段難しいことではないと思う。一つ譬《たと》えをだすなら、映画のフィルムの各コマにはそれぞれ過去現在未来にわたる無数の一見別々の仏が焼き込まれていて、それが映写機を通過して各コマに順々に光が当てられると、スクリーンには常に毘盧舎那という同一の仏が写し出されていて、それがいろいろに動いて見える、と考えると解り易い。現在映写機を通過しつつあるコマには、尼連禅《にれんぜん》河畔菩提樹下に成道された歴史的釈尊が焼きつけられている。このコマは次の刹那《せつな》には過去に落謝し、別のコマが入ってくる。それは五十六億七千万年の未来に華林園《かりんえん》中龍華樹《りゅうげじゅ》下に成道されるという弥勒仏《みろくぶつ》かもしれない。我々人間にとっての五十六億七千万年も、盧舎那仏にとっては一瞬間である。その一瞬間ごとに生成しつつ、絶対者たる盧舎那仏は全宇宙すなわち『華厳経』の真理がカヴァーする全領域（法界）の中心に、しかも、その全宇宙そのものとして凝然として存在し続けているのである。

釈尊は一面から見れば、我々と同じ一個の人間であり、過去無数劫の修行の最後の段階としてこの地上に生まれ来たり、そこで修行を完成して成道したのである。我々は、この釈尊の出世という希有《けう》の刹那に遭遇したのである。ところがこれを別の面からみると、釈尊の成道とは、彼が全一なる法界と合一した、ということなのであり、彼の成道を契機として、全宇宙に普遍し過去未来にわたって常恒なる法界そのものが、我々の眼前に幻のごとくに現れたことでもあるのである。

我々は、我々一人一人の宇宙を、我々各人の初発心《しょほっしん》より現等覚《げんとうがく》に至る生命の流れの全過程を半径とした円形として表象することができる。いうまでもなく、この極大の円は、超越的であると同時に内在的である。我々は、誰でも、自らの宇宙の周辺からその中心に向かってそのほとんど永遠の道程（すなわち、三阿僧祇劫《さんあそうぎこう》にわたる修行の楷梯《かいてい》）を歩み続ける旅人である。釈尊は、いま彼の道程を歩み尽くし、その円の中心点に坐したのであるが、その刹那、その円の中心である彼はその円全体と同一になる。彼は一個の人間でありながら、全宇宙である。さきほどのことばでいえば、彼は「葉中百億の小釈迦」の一人でありながら、そのまま「台上の盧舎那仏」である。歴史的存在である釈尊の成正等覚において華厳的宇宙の全象は光り輝く。それが『華厳経』の内容となる。

荘厳の世界

『華厳経』は「海印定中同時炳現《かいいんじょうちゅうどうじへいげん》の説」といわれる。成道の瞬間の釈尊の内面は、波が一切無くなって鏡のように澄み渡った大海に譬えられる。かかる精神集注の状態（三摩地、定）の中に宇宙全体の過去現在未来にわたるあらゆる印象が一時に炳然とうかび現れてくる。それらの印象は、何とも言い難い一種の荘厳（かざり）なのである。釈尊のさとりの刹那、世界は美しいかざりで満ちたものになる。釈尊、すなわち、盧舎那仏は前述のごとく蓮華の台座に座すのであるが、この蓮台が同時に海に譬えられるべき広大無辺の世界としての広がりを有し、あらゆる美しいかざりをその中に宿しているのであって、この世界を「蓮華台蔵世界海」というときの台蔵とは、梵語《ぼんご》でgarbhaというが、これは蓮の華の蘂《ずい》であるとともに、すべてを宿す胎蔵《たいぞう》（母胎）なのである。では、その世界を満たしている荘厳、かざりとは何か。それは行《ぎょう》・菩薩行、すなわち、過去無数劫に釈尊が積集した行為が、釈尊のさとりを転回点として我々の眼にも見える美しいもの、として出現したものなのである。

この荘厳の世界を真正面から説いた章である（『六十華厳』の品名でいうなら）「盧舎那仏品第二の二」の冒頭、普賢《ふげん》菩薩は、盧舎那仏の代理となって、この世界の有様を聴衆である菩薩たちに説いて聞かせるのであるが、そこで彼は次のごとくにいう。

「諸《もろもろ》の仏子よ、当《まさ》に知るべし、此《この》蓮華蔵荘厳世界海は、是れ盧舎那仏、本《もと》菩薩行を修せし時、阿僧祇の世界に於て微塵数劫《みじんじゅごう》に厳浄《ごんじょう》したまいし所なり。一一の劫《こう》に於て、世界の微塵に等しき如来を恭敬し、供養したてまつり、一一の仏の所《みもと》にて、世界海微塵数の願行を修したまいしなり」

普賢菩薩は、続いて、この蓮華蔵荘厳世界を、その底にあって支えている「風輪」の叙述からはじめて説明していくのであるが、注目すべきは「願行」という言葉である。この盧舎那仏の世界を現出させた基盤とか根拠、ないし、素材は、釈尊が過去世に発した誓願と、それを実現するため実際に実行した修行なのであるが、その誓願と修行を体現するものが、いま盧舎那仏の前でその代理として法を説いている普賢菩薩にほかならないのである。

『華厳経』の冒頭、「世間浄眼品《じょうげんぼん》、第一」において、「摩竭提国寂滅道場《まかだいこくじゃくめつどうじょう》」すなわち、伽耶《がや》村の菩提樹下の金剛宝座、すなわち菩提道場（bodhimaṇḍa）において仏が「始《はじ》めて正覚を成じたまいて」いよいよその正覚の内容が『華厳経』として開示されるわけであるが、その時その場に雲集した普賢以下の「十方世界の微塵数に等しき」大菩薩たちは、すべて「普賢の願海」を得、また『華厳経』の第二部ともいうべき「入法界品第三十四」においても、やはりその説処である舎衛城《しゃえじょう》（Śrāvastī）の祇樹給孤独《ぎじゅきっこどく》園《おん》（すなわち祇園精舎《ぎおんしょうじゃ》、Jetavanānāthapiṇḍadārāma）の大荘厳重閣講堂に参集した五百人（梵本では五千人）の大菩薩たちは、「皆悉く普賢の行を出生」した者たちであった。

『華厳経』を奉ずる人々は、古来それを称性本教《しょうしょうほんぎょう》（真理そのままが真理そのままとして顕現したものとしての教え）、根本法輪（まだ相手を想定して手かげんしていない最も根本になる教え）と称し、それはただ、普賢菩薩という最もすぐれた相手（普賢勝機）に対してのみ説かれたもの、とするが、この『華厳経』という壮大な物語に登場する菩薩たちの上首で、かつ盧舎那仏に対して対告衆《たいごうしゅ》の位置を占める普賢大菩薩は、実は盧舎那仏そのものであった、ということになる。過去無数劫をその普賢の行と願に生きた釈尊のその行と願とによって幻のごとくに現出した真実の世界、それらのかざりの総体（荘厳蔵）が、今や、その行と願の体現者であり、その行と願そのものである普賢によって、その真理の世界を埋め尽くしたそれも普賢の行と願とを生きる無数の菩薩たちに示されるのである。そして、普賢の「願行」という言葉は、この四方八方から絶えまなく盧舎那仏に流れ込み、再びそこから四方八方の無尽の世界に流出してゆく輝きの総体、というきわめて荘麗かつ広大な幻の世界、現世に輪廻する我々の日常とは、もっともかけ離れたごとくにみえる蓮華台蔵世界と、我々人間との関係を明《めい》瞭《りょう》に示しているのである。

経の冒頭、寂滅道場の盧舎那仏の会座《えざ》に参集してくるのは、なにも菩薩たちだけではない。「仏世界微塵数の金剛力士」や「道場神」「龍神」「地神」、はてはいやしい鬼類や大蛇（摩睺羅迦《まごらが》）など、ありとあらゆる有情が、ただし声聞《しょうもん》を除いて、集まっている。我々この現世に住む人間は、誰でも、或る一つの条件さえ満たせば、たちどころにこの説法の座に加入できる。そこでは、説法される真理と、説法そのものと、それを聞くものたちは、すべて円融して一つの真理の世界をかもし出している。我々は、その一つの条件を満たしさえすればその真理の世界に生きるものとなることができる。そして、その条件とは、「普賢の願行に生きる者であるかぎり」、ということである。

普賢の願行

では、普賢の願行とはどういうものなのであろうか。例えば『四十華厳』巻四十の普賢菩薩行品において、遍歴の旅を重ねてついに最後の善知識普賢のもとにやってきた善財童子《ぜんざいどうじ》（後述）に、普賢は、『華厳経』の世界のありさまそのものである「如来の優れた功徳」を説き教えて、次のごとくにいう。

「善男子よ、如来の功徳は仮使《たとい》十方一切諸仏、経もて不可説不可説仏刹《ぶっせつ》極微塵数劫に相続して演説すとも窮尽《ぐうじん》すべからず。若《も》し此功徳門を成就せんと欲さば、応《まさ》に十種の広大の願行を修《しゅ》すべし。何等を十と為す。

一には諸仏を礼敬《らいきょう》し、
二には如来を称讃《しょうさん》し、
三には広く供養を修し、
四には業障《ごっしょう》を懺悔《さんげ》し、
五には功徳を随喜し、
六には転法輪《てんぼうりん》を請い、
七には仏の在世を請い、
八には常に仏に随って学び、
九には恒《つね》に衆生に順じ、
十には普《あまね》く皆廻向す。」

経では、この一々をもちろん詳しく説明する。たとえば第一の「礼敬諸仏」は、「礼敬諸仏と言うは、所有《あらゆる》法界虚空界を尽して十方三世一切仏刹極微塵数の諸仏世尊に我《われ》普賢の行願力を以っての故に深く信解を起して目前に対するがごとし。悉く清浄の身語意業を以って常に礼敬を修し、一一の仏の所《みもと》に、皆不可説不可説仏刹極微塵数身を現じ、一一身に遍《あまね》く不可説不可説仏刹極微塵数仏を礼す。虚空界尽きぬれば我が礼も乃《すなわ》ち尽きぬべし。而して虚空界は尽くすべからざるが故に我が此の礼敬に窮尽あることなし。是の如くにして乃至衆生界尽き、衆生の業尽き、衆生の煩悩尽きぬれば、我礼も乃ち尽きぬべし。而して衆生界乃至煩悩に尽きること有ることなきが故に我が此礼敬も窮尽有ることなし。念念相続して間断有ること無く、身語意業に疲厭《ひえん》有ることなし。」

という、気の遠くなるようなすさまじいものなのである。

『華厳経』の教説の当体は釈尊のさとりの心地という広大無辺の海面に炳現した森羅万象そのものに他ならない。だから、もしその現実のすがたを言葉で説こうとしたら、この全世界をすりつぶして極微塵としたその微塵の数ほどの劫《こう》(aeon, 宇宙存続の一サイクル)の間に、あらゆる諸仏の経をもって説いても、説き尽くすことはできない。しかし、もし我々がこの一身に上述のごとき願を起こして、その無限の道程を歩みはじめたなら、その第一歩において、その全法界は我々のこの一身という一塵《いちじん》中に顕現するのだ、というのである。かかる事態を教義的にはいろいろにいう。例えば「初発《しょほつ》心時便成正覚《しんじべんじょうしょうがく》」であるが、この種の事態について「梵行品《ぼんぎょうぼん》第十二」は次のごとくにいう。

「又復た増上《ぞうじょう》の十方《ぼう》を修習す。何等を十と為す。所謂る、是処非処の智、去来現在の諸の業報の智、一切諸禅の三昧正受《さんまいしょうじゅ》、解脱垢浄《くじょう》起の智、衆生の諸根の智、諸の楽欲に随う智、種々の性《しょう》の智、一切処に至る道の智、障礙無き宿命《しゅくみょう》の智、障礙《しょうげ》無き天《てん》眼《げん》の智、習気《じっけ》を断ずる智なり。是を十と為す。是の如く、如来の十力の甚深にして無量なることを観察《かんざつ》すれば、大慈悲心を具足し長養し、悉く分別して而《しか》も衆生を捨てず、亦寂滅をも捨てず。無上の業を行じて、果報を求めず。一切の法は幻の如く、夢の如く、電の如く、響の如く、化の如しと観ず。菩薩摩訶薩是の如くに観ずれば、少しの方便を以って、疾く一切諸仏の功徳を得ん。常に楽いて無二の法相を観察すれば、斯《こ》れ是の処有なるなり。初発心の時に、便ち正覚を成ず。一切法の真実の性を知り、慧身《えしん》を具足して、他に由《よ》りて悟らざればなり。」

たしかに、華厳の世界は幻であり、夢ではあろう。また、『華厳経』を「唯心縁起の法門」という。「三界は虚妄にして但《ただ》是一心の作、十二縁分は是皆心に依る」（十地品第二十二）といい、また、

「心と仏と衆生と是の三差別《しゃべつ》無し」（夜摩天宮菩薩説偈品第十六）

「若し人求めて三世一切の仏を知らんと欲せば、応当《まさ》に是の如く観ずべし、心は諸

の如来を造る、と」(同)

ともいう。唯心とか、心とかいうと、いかにもすべては心が現じた幻であるから、見方さえ変えれば、この身そのままで仏、娑婆即極楽だ、などと考えたら、大間違いである。「三界は虚妄である」――だから、我々は努力せねばならない、「心は諸の如来を造る」――だから、我々は我々の心をもって、その幻としての諸如来の世界を造らねばならないのだ、というのである。では、我々の「心」とは何か？「心」とは「願行」である。願行において、すなわち、我々の心において永遠と現在《いま》とは相即《そうそく》し、極大の宇宙(法界)と我々の一身という極微塵《ごくみじん》とは相入《そうにゅう》する。『華厳経』は、ふやけた唯心論を説く空論ではない、全篇が力強い実践を説く経である。その実践こそが心であり、仏であり、衆生なのである。

華厳経と法華経

ここに一つ、是非触れておかねばならない問題がある。それは、この『華厳経』と、古来「大乗経典の王」と称されてきた『法華経《ほっけきょう》』との関係の問題である。

教判論《きょうはんろん》(教相判釈《きょうそうはんじゃく》、すなわち、それぞれに異なる経典や教義を何らかの原理や規準に従えて統一的に理解しようとする議論、天台宗《てんだい》の「五時八教の教判」や真言宗の「十住心《じゅうじゅうしん》の教判」はその代表的例である）の中に、『法華経』を「同教一乗」、『華厳経』を「別教一乗」とする説がある。

前者の立場に立つ人は、仏の出世の本懐はそれぞれに性格と欲求を異にする衆生《しゅじょう》をそれぞれに救済することにあり、それ故、衆生の機に応同して唯一の真実を声聞・縁《えん》覚《がく》・菩薩の三乗という方便において説く『法華経』の立場の方が優れているのだと主張し、後者の立場に立つ人は、『華厳経』は釈尊の覚《さと》りの内容をそのまま伝える特別の経典であり、この点でそれは衆生の機に対応した他の教えから超出した最高の教なのだ、と主張する。この二つの立場はこの限りにおいてはそれぞれにもっともであり、それぞれにその個性を異にするこれら両経のどちらを択《えら》ぶかはそれを択ぶ人の個性にもよる、ということになる。

私はこの意味での『法華経』の個性を、いつであったか、シェイクスピア劇の「ジュリアス・シーザー」におけるカッシウスのそれになぞらえたことがある。彼は劇中で「痩せて、いつもひもじそうにしている」と評されているが、その反シーザーの立場は、彼が偶々《たまたま》知ることになったシーザーの人間的な小さな弱点（「やつは本当は弱虫なんだ」という……）にその理由を有《も》つものに過ぎない（それに対してブルータスはシーザーの皇帝になりたいという野心がローマの理想に反するものであるが故に、個人的には信愛するシーザーを排除しなければならないのだと考える）。要するにカッシウスは狭量な、欠点の多い人物なのであるが、その彼は一点、その行動において美しいものを示しており、その一点において悲劇中の一人物たり得ている。その一点とは、ブルータスに対する変わらぬ信愛とそれに殉じたその死における潔さである。『法華経』はその文体《スタイル》において、たしかに痩せており、ひもじそうなところがあるが、ある一点において突出した利点《メリット》を有しており、その一点において『華厳経』を超えている。その一点とは、この経が〈本覚《ほんがく》的実存の弁証法〉とでもいうべき一つの論理、すなわち、人格神的な如来（法身《ほっしん》の如来。如来の法身ではなく……）をその意義（Sinn、ニーチェが『ツァラツストラ』において「超人は大地の意義 Sinn である」というときのその Sinn）とするこの世界における人間の実存の定式《ロゴス》、をそれとして提示し得ているその点にある。

　この「本覚的」ということには、二つの局面がある。法華経教学的な言葉を使うなら、迹門《しやくもん》的と本門《ほんもん》的とである。

　前者、「迹門的本覚」とは、所謂《いわゆる》「迹門」（この文献の足跡《あしあと》的な部分）である「方便《ほうべん》品《ぼん》第二」において示されているもので、その主旨は次の如くである。ある永遠的な過去時、菩薩であった釈迦は、その眼前にある（このわれわれもそこにいたのである……）一切衆生を、彼らが仏に成るためにはそれぞれに行ずべき行《ぎょう》を、自らが彼らに代わって行ずることによって、彼らすべてを未来に自らが成るべき完全な仏（無上正等覚者）と同じ完全な仏たらしめようという誓願《せいがん》を発し、兆載劫《ちょうさいごう》に修行してその（『法華経』を説いた時の）四十年ほど前に、事実（この事実を事実であると信ずるのが仏教徒なのであるが）成道《じょうどう》した。釈尊のその成道とは彼の願が成就したことであるから、釈尊のその歴史的な成道以後、われわれ一切の衆生は釈尊と同じ完全な仏である（筈《はず》なのである）。しかも、経は、その完全な仏である（直説法《インディカティブ》）われわれが、しかも（〈弁証法〉的なしかも）、自らの行《ぎょう》によってそれぞれに仏にならなければならない（命令法《インペラティブ》）のだ、というのである。この論理は人間の通常の論理（矛盾律）をもってしては理解し得ない。だから釈尊は、自分はこれまで、すなわちその死（涅槃《ねはん》）の直前の段階（上にふれた五時八教の教判のうちの第四である法華時）に至るまで、それを人々に向って説くことをしなかったのだ、というのである。ここに直説法《インディカティブ》と命令法《インペラティブ》とのまさに弁証法的統一であるところの、その〈弁証法〉が、その迹門的制約において示されたのである。

ところで、私のこの〈本覚的実在の弁証法〉という表現は、第二次大戦の直後に発表され、当時のキリスト教神学の世界にセンセーションを巻き起したルドルフ・ブルトマンの「（キリスト者の）終末論的実存の弁証法」という言葉をなぞったものである。ブルトマンのこの弁証法の概念《コンセプト》は、それ自体、所謂現在終末論の類型に属するもので、その説（それを一応使徒パウロのものとしておくが）によるなら、パウロの回心からまさにアオリスト（サンスクリット及びギリシャ語文法の用語、不定過去）的な過去に、事実出来《しゅったい》したイエス・キリストの出来事、すなわち、イエスの十字架上の贖罪《しょくざい》死とその復活という出来事によって神の国はこの地上に実現されている、あるいは、それ以来すべての人間は義認されている。しかも、われわれは現に実現されているその神の国に向っての「信仰の決断」という「行為（Tun）」を、しかも「絶えず」しなければならないのだ、というのである。ブルトマンのこの概念は『法華経』の迹門たる「方便品」において示された〈本覚的実存の弁証法〉のそれとほぼ完全に一致しているのである。

　このことは『法華経』の件の一点の鋭さとその真理性（普遍性）の一端を示すものではあるが、それはブルトマンにとってはその弁証法概念の正しさを示していると同時に、彼のその概念が彼自身のルター派プロテスタントの立場のみならず、キリスト教の教義そのものにとってきわめて危険《クリティカル》なものでもあることを意味している（彼はその危険性に気づいていない如くではあるが……)。要するに彼がその「弁証法」を口にしたとき、彼は虎の尾を踏んでしまっていたのである。

すなわち、ブルトマンは上の「信仰の決断」を明らかに「行為 Tun」であると言い、その「絶えざる」繰り返しを言うのであるが、これはまさに仏教的な行《ぎょう》(例えば浄土教の不断念仏のような……)の観念そのものであり、これは彼がそれに属するルター派プロテスタントの「信のみ」(sola fide)の原則に反する。さらに言うならば、それは神(God, Gott)の存在が人間の行為によって規定されていることを意味しているのであり、これはキリスト教のドグマの根幹(神《ゴッド》は絶対者、完全な存在者なのである、という……)が否定されていることを意味している。言い方を変えるなら、それではキリスト教の神の存在が仏教の如来(法身の如来)のそれの如く、空《くう》的なものになってしまうのである。

次に、〈本門的〉な〈本覚的実存の弁証法〉であるが、『法華経』にとって本門的すなわち本来的なものである筈のこの〈弁証法〉は所謂プラトン主義的二世界説(「イデア界」ないし「叡知《えいち》界」とわれわれが棲《す》むこの現実界との二世界の……)の構造をその典型的な型において踏襲している。この二世界説の構造においてわれわれは、前述の迹門的な意味においては釈尊の歴史的な成覚以来、その地上世界において仏なのであるが、この本門的な意味においては、このイデア界の内実としてのイデア的な存在者、すなわち有形的な仏の一々として、本来よりそのイデア世界（超越的に見られた神としての如来の法身）の中に存在していたのである。

この種の二世界説はそこにおけるイデア界の存在を「背後世界」として否定するニーチェの有名な批判以来、とかく人々の問題意識から排除されがちなのであるが、実はそれは依然としてこの種の宗教的世界観の現実を画定しようとするわれわれ自身の図式としては必然的であるのであり、逆から言うなら、それはこの種の世界観にとっては本源的なのである。現にそれは、哲学の世界においてはシェリングの『自由論』における「人間的自由の本質」の概念をその根底から規定しているのであり、また、ニーチェ当人にはね返ってその批判の有効性に或る根本的な制限を加えるものとしてあるのである。すなわち、ニーチェがピンダロスの有名なテーゼ「汝《なんじ》は汝がそれであるところのものになるべきである」（genoi hoios essi）をその生涯にわたるモットーとしていたことはよく知られたことであるが、今日当然の如くに実存的（existenziell）の意味にとられている「本来の自己」（hoios essi）は、ニーチェがそれをその出自としている古典文献学の世界では、ニーチェ自身がそれを排撃した「背後世界」たるイデア界に属するものであったのである。

この二世界説の図式は、キリスト教の神学の世界においては、所謂〈先在のイエス論〉の系譜に属するものとして、容易にその輪郭をトレースすることが出来る。他方、仏教の世界においては、その出発点である〈ゴータマ・ブッダの宗教〉おいてすらその根底に伏在していたそれは、仏教の思想史的展開の過程を追って文献の上に徐々にその姿を顕《あらわ》にしてくる。形式的にはその迹門に属する『法華経』の「譬喩品《ひゆぼん》第三」において早くもその構造を仄示《そくじ》したそれは、その本門を越えてその先にある如来蔵《にょらいぞう》思想に至ってそのイデア界的局面を明示し、そこから更に進んで『法華経』本門のいわば孫に当たる『金剛頂経《こんごうちょうぎょう》』の密教（『大日経《だいにちきょう》』の、ではなく）において、如来蔵思想の段階においては残されていた最後の困難、シェリングがその『自由論』において「この絶対的必然性のみがまた絶対的自由なのである」（西谷啓治訳、岩波文庫、一〇七ページ、傍点筆者）と言うときのその必然性の由来であるところの「この〔特定〕な人間の叡知的本質」（同、一〇六ページ）が、実は、「我々には全くかくされたまま」（カント『純粋理性批判』、篠田英雄訳、岩波文庫、中、二二三ページ）なのである、というその困難が密教の原理と方法論による一つの、ただしまことに驚くべき解決を与えられ、一つの宗教思想としての現実性を示すに至っているのである。しかし、この間の経過の一々に最少限の説明を与えることは他の機会に譲り、今は本来の散策の径《こみち》に戻ってこの項に一応の結末を与えるべきであろう。その本来の径とは、『華厳経』と『法華経』という大乗仏教の二大経典の相互に対照的な個性と不思議な対応を見せている平安初期の日本仏教の二大巨匠、『法華経』を奉ずる日本天台宗の祖である伝教大師《でんぎょうだいし》最澄《さいちょう》と、同じく日本密教・真言宗の開祖弘法大師《こうぼうだいし》空海《くうかい》との間に看取される人間的個性の対照の問題である。これを件《くだん》の「ジュリアス・シーザー」に引き戻すなら、その名の如く最も澄める人としての最澄は高士たるブルータスに、そして多少の違和や欠点を受け容《い》れてまさに空と海との如くに平然たる空海はその意味での大人物であるシーザーに、よく対応しているのである。

華厳経から密教へ

法華一乗を奉じる伝教大師最澄は、東大寺を先頭とする南都仏教を教理的にのみならず、政治的な意識からして過酷に圧迫した。弘法大師は、請われて、その東大寺の別当を務める。司馬遼太郎《しばりょうたろう》氏はベストセラー『空海の風景』のなかで、このことを論じて、南都に対して空海のとった態度を政治的であったと評し、そして、空海が最澄に対しては逆に論理的に峻厳《しゅんげん》すぎた、と評しておられるが、それは一面では事実であったであろう。ただし、空海は法華と華厳の対立の中間に立っていて、政治的配慮やこれまでのいきがかりだけで東大寺の側についたのではなく、かれは、本来、そして本質的に、華厳の人であったのである。なぜなら、当時の空海がそれを本来の依《よ》り処としていた『大日経』は、ただしこれはその理論の基本を示すいわば総論に当たる「住心品第一」にだけ当てはまることではあるが、その世界観において、『華厳経』の直系の孫であったからである。

空海はその十住心の教判において、真言密教を華厳宗の上位に置く。しかし、それとて、華厳の教えに何か欠点があるからなのではない。いや、欠点があるとすれば、その教えが、あまりにも広大・華麗にすぎるという一点以外にないであろう。『華厳経』の直系の孫である『大日経』に、もし、『華厳経』より優れている点があるとするなら、それは、『大日経』が『華厳経』のその広大に過ぎるスタイルを極度に簡素化し、ただし或る一点、『大日経』の項《こん》においてそれに触れる筈の「三句《さんぐ》の法門」、すなわち「菩提心を因となし、大悲を根となし、方便を究竟《くきょう》となす」(二九三ページ参照)のその第三句たる「方便を究竟となす」という思想において、大乗である『華厳経』のレヴェルからさらに一歩進んで、その大乗の究極の立場を示しているその一点にある。これは自分の宗教の原理や原則よりも、目の前に現に苦しんでいる人のその苦しみを直接的な手段を通じて救済することの方が大切であるとする思想であるが、これは政治や宗教における原理・原則の争いを事とする今日の世界において、確かに一つの意義を有するものではあろう。

また司馬氏は、空海が東大寺の別当になってから東大寺に密教的行法を取り入れたことを、「ざっとした鍍金《メッキ》」と表現されたが、それは確かにその通りではあろう。『華厳経』は確かに大乗仏教の典型である。その大乗仏教の本質と密教の行法とは両立しない。critical すなわち〈両立不可能、且《か》つ、二者択一不可避〉である。このことに気づいていたのは、誰よりも空海その人なのである。しかし、司馬氏はどういう意味でこの「ざっとした鍍金《メッキ》」という言葉を使われたのだろうか。

少なくとも私はこう考える。空海は密教家であるから、もちろん「即身成仏」を主張する。有名な「即身成仏の頌《じゅ》」は次のごとくに言う。

「六大は無礙《むげ》にして常に瑜伽《ゆが》なり、
四種曼荼《まんだ》各々離れず
三密加持すれば、速疾に顕《あら》わる
重々帝網《たいもう》なるを即身と名づく。」

私は、弘法大師が密教の論理、即身成仏の原理とその制約に気づいていなかった筈はない、と確信する。彼は、大乗仏教をその論理の極点までつきつめ、それを一歩ふみ外せば奈落《ならく》に真さかさまになる、その深淵《しんえん》をのぞいた人である。だから彼は、この頌において「即身」を「成仏」である、と言いつつ、「即身」の内容を華厳の宗教理想ととり換えて、さり気ない顔で、我々の前にさし出したのではないであろうか。「初発心時便成正覚」も、「三界虚妄但是一心作」も、限りなく密教でいう即身成仏の考えに近い。しかし、厳然と違う一線がある。『大日経』を造った人はそれを充分承知の上で、たてまえとしては『華厳経』をそのまま受け継ぎつつ、最後のところで、きわどいすり換えをする。「毘盧遮那の世界は幻である」という。それはよい。華厳でも、そして、『大日経』の住心品の大部分でも、この幻を現出せしむるのは、菩薩の行なのである。しかし、『大日経』はさらにいう、「だから、幻術師が幻を現ずるごとく、この毘盧遮那の世界は真言の悉地から出現するのである」と。これは空《くう》という語のもつ意味の二面性を操作してのすり換えに他ならない。空海はそれを充分に承知した上で、このすり換えをしたのであろう。

『華厳経』は、世俗的な、それを奉ずる教団の勢力の大きさという意味でならば、衰えた。極端にいうなら今日まで密教を支えてきたのは、その内部に故意に取り入れられた、敢《あ》えて悪い言葉を使うなら、このいんちきのおかげである。華厳宗の衰微と

『華厳経』の価値とは全く無関係である。『華厳経』を、一旦在来の仏教の教団的見方を離れ、我々人間の本来の生き方を説く経典としてみるなら、それは現代においても、いや現代になればこそ、いよいよ輝きを増すものであることを私は信じている。

善財童子の求法の物語とその意味

私は当初、この項においては「入法界品《にゅうほっかいぼん》」のことを主にしようと考えていた。この品は改めていうまでもなく善財童子の求法巡礼の物語で、読者がその行程を追うことによって自然にこの経の思想を理解することを目指した、賢首大師法蔵いう所の「依《え》人入証成徳分《にんにっしょうじょうとくぶん》」である。善財童子は古い絵画や彫刻では髪をみずらに結い、合掌して文殊《もんじゅ》菩薩を見上げている五、六歳の可愛い子供の姿で描かれるが、実際は成年に近づいた堂々たる少年で苦難をものともせずに真理を求めて旅をつづけるその勇健《ゆごん》の姿はこの経の精神をまことによく表現している。私は少しでもこの少年の旅につき添い、この経の風光を読者諸賢にお伝えしたかったのであるが、既に許された紙幅を大幅に超過しているので、今はその行程のみを記述しておくにとどめよう。

善財童子は文殊菩薩に勧発されて五十三人の善知識を順次に訪《おとな》うその旅の途に上り、

その最遠点において第五十三番目の善知識弥勒菩薩の居城「毘盧遮那荘厳《しょうごん》蔵《ぞう》大楼閣」の門前に至る。善財がその門前に佇《たたず》んでいると、折から大勢の眷属《けんぞく》衆に囲まれて外出先から帰って来た弥勒は、それら眷属衆に向って善財の勇健の菩提心《ぼだいしん》を讃《たた》え、多くの譬喩《ひゆ》を用いてその菩提心の秘密を教える。

「この菩提心より一切の菩提達の行の曼荼羅《まんだら》（sarvabodhisattva-caryā-maṇḍala）が生ずるのであり、この菩提心より過去・現在・未来の一切の如来たちが出生するのである。誰か或る人が無上菩提を求める（その）心を発《おこ》したその時に、その人は無量の功徳を具《そな》えた者となるのである。」（Suzuki、四九六頁、一七行以下）

次いで弥勒は、善財にその楼閣の中に入ってその荘厳の有様を現見するように勧める。弥勒の弾指によってその門は自然《じねん》に開き、中に入った善財は毘盧遮那如来の無尽の荘厳が一切世界に充満して自在に衆生利益の勝業《しょうごう》を行じている有様を観見する。それのみならず、弥勒自身もその世界の中で本初《ほんじょ》より衆生利益の活動を続けていたのであり、善財自身も本初より弥勒と共にその世界の中で活動し続けていたのである。

しかし弥勒は、再び弾指して言う。

「善男子よ、これら諸法の法性《ほっしょう》（eṣāṁ dharmāṇāṁ dharmatā）は（かくの如くである。相互に）無礙《むげ》（aviṣṭhapana）にして各々に現前する（pratyupasthāna）をその特相とする一切諸法は、善男子よ、菩薩の智慧《ちえ》によって加持せられたもの（に過ぎず）、かくの如くに自性として実在ならざる（svabhāvapariniṣpannā）（それら諸法）は幻、夢、影に譬うべきものである。」（Suzuki、五二三頁、第二六行）

弥勒が善財に観見せしめた世界は真の実在世界たる普賢法界《ふげんほっかい》（samantabhadra-cayā-maṇḍala）の理念としての世界であるに過ぎない。善財はその理念の世界の観想の恍惚の中に留まることは許されない。彼はその理念の世界からこの現実の世界に戻り、そこにおける自らの行為（利他行）によってその理念の世界に実質を与えねばならない。弥勒は善財に、その普賢法界の実質をなす行為の世界のペルソナである最初の善知識・文殊の許《もと》に戻り、いかにして普賢法界に入り、そして、いかにしてそれを円満すべきかを問うよう勧める。

善財は弥勒の居城からそれまでの旅程を逆に辿《たど》って文殊の許に戻ると、文殊は彼にただ一つ「信根」を離れないように、ということだけを教え、善財をその場で直ちに普賢法界に入らしめ、自分がそれまでいた場所に居らしめて、自らはその場所から去る。ところがその善財は、その普賢法界の辺縁である筈のその場所に居りながら、しかも、眼前に金剛蔵菩提場（vajrasāgaragarbha-bodhimaṇḍa）、すなわちその普賢法界の中心（maṇḍa）に居する毘盧遮那如来のその「師子座」のすぐ前、「一切宝蓮華蔵座」（mahāratnapadmagarbha-siṁhāsama）に坐する普賢菩薩を現見し、普賢はその「右手を展《の》べて」善財の「頂を摩触する」、すなわち、善財は「初発心時便成正覚」的にその目的を達した（筈であった）のである。

しかし、華厳世界の〈弁証法〉的構造よりして、事態はここでは収まらない。すなわち、そこにおいてさらに、上に触れたところの普賢法界を「いかにして円満すべきか」という行《ぎょう》の立場が要求されてくる筈なのである。

はたせるかな、すでに普賢法界の中心にいる筈の善財は（出発点に戻って）再びそこから、その行《ぎょう》の道程の歩みを開始する。そして、「彼はしかるべき順序に従ってついに（anupūrveṇa yāvat）普賢法界の海の如くに広大な行願との平等性に到達し、（そして、一切の仏刹《ぶっせつ》にその身を示現して衆生を度するその能力）乃至《ないし》（十）力、（六）無畏、大慈、大悲等（のすべての功徳・能力）において一切の如来たちとの平等性（sarva-tathāgatasamatā）に到達した」（Suzuki、五四二頁、第二六行以下）のである。われわれはここにおいて既に、『法華経』の本門的な二世界説的な構造と、そこに生きる人間の〈本覚的実存の弁証法〉とが、既にそのほぼ完全な姿において示されているのを見るのである。

（津田真一）

楞伽経——さとりとぼんのうのたね

経名について

『楞伽経《りょうがきょう》』の原語名は「サッダルマ・ランカーヴァターラ・スートラ Saddharma-laṅkāvatārasūtra」といい、これを漢訳者たちは『楞伽経』とか『楞伽阿《りょうがあ》跋《ば》多《た》羅《ら》宝《ほう》経《きょう》』とか『入楞伽経』とか『大乗入楞伽経』とか、いろいろの翻訳をした。今日、一般には『楞伽経』あるいは『入楞伽経』と呼んでいる。

原語名の意味は、サッダルマ（正しい法）を、ランカー（楞伽島、あるいは楞伽城）にアヴァターラ（入住）して説かれたものをまとめたスートラ（経典）ということになろう。釈尊がランカーに行き、そこの王に仏法を説いたものをまとめた経典が『楞伽経』であるという。

ところが、このランカーが一体どこにある土地の名称なのか、都市の名称なのかが不明で問題となっている。ランカーは今日のスリランカーであろうという説もあるが、釈尊はスリランカーには行っていないので、もしこの説を立てるとすれば、釈尊がスリランカーまで伝道していたという歴史的事実がなければならない。

ある説によればランカーは、今日のスリランカーよりもっと広い地域を指すともいわれるが、そうすれば南インドのある地方もランカーと呼ばれることになる。また、ランカーは「不可往」といって、登山することがはなはだ困難な嶮峻《けんしゅん》なという意味を持つ山の名であるという説もある。

中国華厳宗の法蔵《ほうぞう》は、彼の著書『入楞伽心玄義』の中に、ランカーは難入、険絶、可畏、荘厳などの意味があり、アヴァターラは「入る」の意味、あるいは「上方から下方に入り来る」の意味があると説明している。これによれば、彼はランカーを地理的固有名詞とは考えずに、神話的象徴的に理解しているのである。彼の解釈でいえば、ランカーヴァターラは「趣入しがたきに入る」ということになる。もし原語名に順じて訳すと、「正しい法に趣入しがたきに入ることを教える経典」ということになろう。

また、経典自体が記すところでいえば、摩羅耶《まらや》山頂にある楞伽城（laṅkāpura）とあるから、この摩羅耶山がどこにあるかが分かれば楞伽城（ランカー）の所在地が分明することになる。摩羅耶山の所在は、漢訳経文の中には、

大海畔摩羅耶山頂——菩提流支《ぼだいるし》訳
大海浜摩羅耶山頂——実叉難陀《じっしゃなんだ》訳
南海浜摩羅耶山頂——求那跋陀羅《ぐなばっだら》訳

とあり、海岸に近く、しかも南方の海岸に近い山であるように訳している。ところが、梵語原典には、「海の中のマラヤ山の頂上にある……楞伽城において」とあり、陸上でなく、海中にある山であることが分かる。この点で翻訳と原典との相違が見られる。

インド文学の上ではこの摩羅耶山というのは南インド地方の山脈とされているらしく、一山を指しているものでないともいわれる。

いずれの説をもってしても、摩羅耶山の所在を確定することは難しく、大体のところ、南インド地方に所在する山であることが分かる。そこの山頂にランカーはあるということである。これが島であるか城であるかも問題だが、原典からすれば城(pura)が正しい。この楞伽城のことは、インド二大叙事詩の一つ『ラーマーヤナ』にラーヴァナ鬼王(羅婆那)が統治した都市だと記述されている。インド神話によると、ラーヴァナ鬼王の母方の叔父にあたるマールヤヴァット鬼王が、往昔に多年の苦行によって梵天を帰順させたことがある。その報償として梵天は、風光明媚《ふうこうめいび》なランカーの都市を建設してあげたのである。マールヤヴァットは親属とともに、ここに住居していたが、あるとき、毘沙門《びしゃもん》にこの都市を攻略され、掠奪《りゃくだつ》されるはめになった。しかし、この毘沙門もラーヴァナ鬼王に駆逐され、ラーヴァナ鬼王が、このランカーの都市を統治することになった。

このラーヴァナ鬼王は釈尊に説法を勧請《かんじょう》している。これの内容が経典の第一章である。この経典は鬼王の勧請によって成ったということになる。ランカーヴァターラ（入楞伽）という名称は、この鬼王が統治する都市に釈尊を招いて説法を勧請したことに対して、釈尊がここに入城され、説法されたことを意味するのである。ところがこのような第一章の内容はこの経典の原形を残しているといわれる四巻本・求那跋陀羅訳『楞伽阿跋多羅宝経』にはないので、おそらく、ラーヴァナ鬼王の説法勧請は後世の付加であろうといわれる。

いままで、ランカー（楞伽）の所在地をもとめていろいろの説を紹介したが、どうもつきとめることができない。中部インドにあった都市であるともいわれるが、これも不明である。とにかく、実在する場所を想像して、神話上の都市を頭に描き、ランカーを推定するよりほかはない。この経典の作者は神話に見られる材料をもとにして、それを背景として経典の説かれた場所を創作したものとも考えられる。

原典の成立と漢訳

『楞伽経』の原典はサンスクリット語で書かれており、この原典は南条文雄《なんじようぶんゆう》博士によって大正十二年に大谷大学から、出版された。これはイギリスのホジソン氏がネパールで発見したものを博士が校訂したものである。大乗仏教の梵語原典がこのように日本で出版されたものとしては最初のものである。

この経典の成立を確定することは困難であるが、漢訳された年代からさかのぼって推定するよりほかない。そこで学説では、大乗・小乗の仏教思想に通じ、そして唯識思想を体系大成した学僧、世親（四〇〇―四八〇年）以前で比較的に近い時代に成立したとするものと、紀元後約四〇〇年前後に成立したとするもの、世親以後に成立したとするものなどがあるが、今日では最初の学説が一般的であるといえる。

この経典の漢訳は四回行われ、この間、大体三〇〇年を経過している。第一回は『大般涅槃経』を翻訳した曇無讖《どんむせん》による『楞伽経』四巻の訳出である。これは四二〇―四三〇年の十年かかって訳されたものだが、後世に残っていない。第二回は『勝鬘経《しようまんぎよう》』を訳した人として知られる求那跋陀羅によって、四四三年に訳出された『楞伽阿跋多羅宝経』四巻である。禅僧達磨《だるま》大師が中国禅宗第二祖慧可《えか》に禅の心要として与えた『楞伽経』は、この訳本であったと伝えられている。第三回の翻訳は五一三年に菩提流支によってなされた『入楞伽経』十巻である。第四回の翻訳は実叉難陀によって七〇〇―七〇四年の四年間に行われた。『大乗入楞伽経』七巻がそれである。彼は、于闐《うてん》の人で初唐の則天武《そくてんぶ》氏の時に中国に来て朝廷の厚い庇護《ひご》を受けて訳業に従事した。翻訳沙門復礼や法蔵のような一流の学僧が参与してくれたこともあって、この訳本は漢訳中の白眉《はくび》と称すべく、なんら渋滞のあとが認められない。

通常、求那跋陀羅訳本は『四巻楞伽』といい、菩提流支訳本は『十巻楞伽』といい、実叉難陀訳本は『七巻楞伽』という。

これら漢訳の『楞伽経』は中国、日本で多くの学僧によって註釈されたが、それらの底本となった漢訳本はほとんどすべてといえるほど、『四巻楞伽』である。さきにも述べたように実叉難陀の漢訳本はすぐれた訳本にも拘《かか》わらず、これを底本にしたものは少ない。『四巻楞伽』は古来広く読まれてきたが、その漢訳は難解な語句に満ちているので、『七巻楞伽』を併せて読まなければ解読し理解することは難しいといえる。

『四巻楞伽』『十巻楞伽』『七巻楞伽』それに梵文《ぼんもん》原典を各々対照してみると、『四巻楞伽』だけにラーヴァナ鬼王が勧請する内容を述べた章と、経典の終わりの二章が欠けている。『四巻楞伽』の訳文は他の二漢訳本と比べて簡単でやや難解なところがあるが、経典の成立の上から見ると、まず原形と考えてよいとされる。現在の梵文原典でさえ付加部分があるが、『四巻楞伽』が訳されたときの底本となった原典ではそれがなかったと考えられている。つまり『四巻楞伽』に欠ける部分は後世の付加であるというわけである。

学者によれば、『七巻楞伽』の翻訳文は無着《むじゃく》、世親《せしん》の学説である唯識系統に近く、『十巻楞伽』の翻訳文は龍樹《りゅうじゅ》、提婆《だいば》の三論系統に近いとされる。同じ原典の思想も翻訳者たちの立場に支配され影響されることもあり、訳語、表現に多少の相違が見られて、思想の流れに種々の方向が見られる。このように翻訳本によって思想傾向が見られることは『楞伽経』自身、難解な思想であると同時に、その内容が体系づけられたものではなく、備忘的な叙述でまとめてあることに理由があると思われる。

ラーヴァナ鬼王と楞伽経

『楞伽経』の性格を表す資料の一つにラーヴァナ鬼王をあげることができよう。彼はランカー（楞伽）城を統治したという伝説があり、この経典では釈尊に説法の勧請をしており、いったいラーヴァナ鬼王がここに登場してくること自体何を意味するのかを考え、そして彼の人物像を紹介してみたいと思う。

さきに触れたように『四巻楞伽』は『楞伽経』の原形をとどめている経典と考えられているわけだが、それにはラーヴァナ鬼王の説法勧請が欠けている。ところが梵本、他の二つの漢訳本にはこれがあることは、それなりの意味があったと思われる。

ラーヴァナは鬼神で、インド神話によると父ヴィシラヴァスと母ケーシューとの間に生まれ、毘沙門天とは異母兄弟である。彼は十頭・二十臂《ぴ》・四足を持った鬼神である。梵天の供養のために一万年間、苦行をなし、一千年毎に自分の頭を一つずつ与えた。九つの頭を捧《ささ》げ終わったとき、梵天はこの志に感ずるところあって、彼に不死の身体を与えた。不死身を持ったラーヴァナは徹底して暴れ回り、暴君ぶりを発揮した。後に世界のほとんどを征服した。彼の兇暴《きょうぼう》な支配は長くは続かず、その最後の日が来た。

ヴィシュヌの権化とされるラーマ王がラーヴァナを追放する使命を受けて、この地上に出現した。ところがラーヴァナによってラーマ王は森林に追放される身となった。その間にラーヴァナはラーマ王の妃シータを掠奪して妻にしようとしたが成功しなかった。そのころラーマ王は猿猴王《えんこうおう》ハヌーマットの力を借りて、インドと楞伽島の間に橋を架けて楞伽島に攻め入り、ラーヴァナを殺害し、シーターを取り返した。これがラーヴァナにまつわる『ラーマーヤナ』に出てくる話である。

この物語では、ラーマ王とラーヴァナ鬼王とは敵対し、まったく相対する性格の人物たちである。ラーマ王はインド国民が最も尊敬する人物とされているのである。一方ラーヴァナ鬼王は兇暴な人物として描かれ、憎悪嫌厭《けんえん》の標的とされている。

そこでこの鬼王が釈尊に説法を勧請したという一章をこの経典が設けたところには、反社会的意図を持っていたという解釈をする学者もいる。

また、ラーマ王はヴィシュヌ神の権化とされているが、ヒンドゥー教では釈尊もヴィシュヌ神の権化と考えられており、その点でラーマ王と釈尊とは同一神、ヴィシュヌであるとみなされる。つまり釈尊とラーマ王とは同一人物と考えてよいわけである。そこで経典作者がラーヴァナ鬼王の説法勧請の一章を付加した意味は、釈尊というラーマ王とラーヴァナ鬼王とを、『ラーマーヤナ』以来、敵対し和睦《わぼく》することのなかった二人を、ここで握手させて和平を実現しようとしたところにあったという解釈もされている。

実はこのラーヴァナ鬼王の名は第一章以外のどこにも見当たらない。この点でこの一章だけが独立して作られ、後に付加されたという理由が成立する。また、この一章には『楞伽経』の中心思想がまとまって記述されているのも独立した一章であったことを予想させる。

この経典はこのようにインド神話を背景にしたものを冒頭に冠し、さらに大乗仏教精神を謳《うた》い、経典の姿勢を示している。

楞伽経の特色

『楞伽経』には独特の思想的体系を見ることはできないが、経全体は大乗仏教、その他の教説を備忘的に雑然と集録して記述したもののように思われる。大乗思想としては、空観思想、それに唯識思想、さらに如来蔵思想などの主要学説が盛り込まれている。特に唯識思想に説かれる阿頼耶識《あらやしき》が、如来蔵と思想的結合を見ている点、この経典の一つの特色として指摘できる。また異教の学説も取り上げて言及している。特に面白いと思うのは異教の最高神や教祖の名を連ねて、如来の異名としていることである。ブラフマン（梵《ぼん》）、ヴィシュヌ、イーシヴァラ（自在天《じざいてん》）、カピラ、ラーマ、ヴィヤーサ、インドラなどがそれである。

とにかく、学者によると、この経典には二十種の異なった思想が混在して記述されているといわれる。

鈴木《すずき》大拙《だいせつ》博士は、形式の面から『四巻楞伽』をもとに特色をあげておられるが、それを簡単に紹介しよう。

(1)釈尊の話し相手が大慧菩薩だけであること。大乗経典では仏や菩薩、天子、阿羅漢など複数で話し相手が出てくるのが普通である。

(2)奇蹟《きせき》・呪文《じゅもん》などを記述していない。一般に大乗経典の多くは光明を装飾とした仏身が描かれ、また奇蹟を現す場合が出てくる。また呪文を経典の末尾につけ加えて経典の霊験を強調するものが多い。

(3)大乗経典の一般は戯曲的文学的で、人間の宗教的感情に訴えるが、『楞伽経』は哲学的思索に富み、宗教的瞑想《めいそう》に豊かである。

(4)経典は一体にその叙述が冗漫に流れる傾向のものが多いが、『楞伽経』は大乗仏教の要旨を簡潔に抜萃《ばっすい》して述べている。

(5)『楞伽経』には「如是我聞」に始まり「歓喜信受奉行」で終わるという経典形式を踏んでなく、特に最後の結末を持っていないのが特色である。後世の『十巻楞伽』には「大歓喜奉行」の文句があるが、原形になかった付加文である。

博士による分析でも分かるように、他の大乗経典とは種々の点で『楞伽経』は異なり、特色が見られる。

次に内容の面から特色を挙げるとすれば、経典には先述のように種々の学説が混然と記述されているにも拘わらず、この経典の立場は無宗をもって宗となすところにあった。経自ら、言説や文字と、それらが指示する対象は別のものであるから、言説や文字に執《とら》われてはならないという。釈尊はさとりをひらいてから涅槃に入るまでの間に種々の説法をしたというが、そこには一字も説かれたものはなかった。なぜなら、真理は文字や言説を離れたものであるから、指をもってものを指すとき、指がもの、そのものでないのに似ているからである、と。真理は心言路を絶して、思考も及ばず、その宗を弁説することはできない。経典はこの無宗をもって宗となす立場をとった点で大きな特色を持ち、これがのちに禅宗の祖師たちに受けつがれ、大きな影響を与えた。

楞伽経の思想

(1)『楞伽経』の所説は何かと正面から問えば、経典は仏教の真髄である自覚聖智《じかくしょうち》を説いている、と答えるであろう。つまり自内証の消息を与えようとするものである。

詳しくいえば、自覚の境界とは何かを教えようとするのが『楞伽経』だといえる。経典は一貫してすべてのものは心の影像にすぎないので、ものそのものに執われてはならないことを説いている。したがって世界はただ認識作用によって知られる。そこですべてのものを究明することは、もの自身の究明ではなく、自己認識の究明であることになる。

ではその認識作用は正しく信用できるかといえば、必ずしもそうではない。認識作用は夢の中のそれのように変化し定まることがなく、はかなく消え去る。認識作用というのは、ものを識別・認知する作用だけであって、その識別・認知が正しいとはいえない。経典では認識作用はすべてあやまりであって、認識はすべて有限の、差別の中で行われているものであり、それ以上超えているものではない、と説く。つまり認識自体がすでに主観と客観の差別を立てており、予想しているのである。これに対し、仏の自覚聖智の境地はあらゆる差別を超越している。仏の自覚聖智の境地に達するには、この迷界の認識を超越しなければならない。相対・差別の迷いの認識を超えるときに、仏の自覚聖智を得ると教えている。

(2)世界はこのようにすべて主観の認識作用によって識別され、認知されるが、しかしその認識作用が誤りであると考えるのだから、それではいったい何がすべてのものを造り、すべてのものの根源となるべきかということが考えられることになる。経典は、ここに阿頼耶識（アーラヤ・ヴィジニャーナ Ālaya-vijñāna）を立て、心の根本に位置する心とでもいえる、一切のものを生じる生命体を説いた。

この阿頼耶識を如来蔵と同一視する思想を打ち出した。阿頼耶識はすべてのものを生ずる生命体とされるが、これは表現化した行為によって阿頼耶識に行為の習慣が印象づけられ（薫習《くんじゅう》されること）て、習い性となって残る（習気《じっけ》となる）。これが次の刺戟《げき》に触発して活動するための種子となっているのである。阿頼耶識は別名種子識《しゅうじしき》ともいわれる。この点で阿頼耶識は固定的に実体視されている。

一方、如来蔵は衆生の中に将来成仏する資質が内含されていると考えられているものであるが、これは、実体視されてはいない。

阿頼耶識と如来蔵とは『楞伽経』以前では二つの系統であって、両者はこの経典において初めて調和され、一つとみなされるようになった。この二者が和合した思想は、大乗仏教の入門書といわれる後の『大乗起信論』に大きな影響を与えたことは注目すべきである。

(3)人間の生まれつき（種性《しゅしょう》）によって、それぞれ得るところのさとりに差別があることを教えている。

説法や経典だけに頼って自己のさとりだけを求めていこうとする聖者《しょうじゃ》のさとりを得る種性のもの（声聞乗を悟る種性）、説法や経典などを頼りとせずに、無師独悟する聖者のさとりを得る種性のもの（縁覚乗を悟る種性）、それに如来のさとりを得る種性のもの（如来乗を悟る種性）、さらにまた、この三乗のいずれのさとりを得るかが決定していない種性のもの、最後に、まったくさとりなどに縁がなく、それを得ることさえ不可能な種性のものなど、五種性を立てている。声聞・縁覚・如来の三乗を立ててそれを得る種性の差別を述べたのは方便による衆生の教導であり、すべて一仏乗、つまり仏の教えに統合包括されていることを経典は教える。結局は五種性のすべてが同じ仏乗のもとに至るのである。これは『法華経』の会三帰一（三乗を併合して一仏乗に帰入させること）の思想を受けているといえる。

さきに無種性のものがいたが、これは一闡提《いっせんだい》を指している。一闡提とは原語のイッチャンティカ（icchantika）の音写訳語で、「善根を断《た》ったもの」という意味である。この一闡提が本来誰を指すものかについては種々の学説があるが、時代により、文献によりその意味は異なっている。従来「断善根者」という意味で了解されている。つまりさとりへの善根がないものの意である。

『楞伽経』に二種の一闡提を述べている。いまの断善根闡提と、大悲闡提とである。

前者は一般的一闡提で、後者は菩薩の一闡提である。すべての生類が涅槃（さとり）を得るまでは、たとえ涅槃への善根が自分に円満して涅槃を得る状態にあっても、涅槃に入らないという大悲心を持った一闡提である。

一闡提は本来の意味からすれば、まったくさとりを得ることができないものをいうのだが、『楞伽経』も『涅槃経』のように仏の加持力によって善根を生じて、さとりを得ることができると述べている。この立場から断善根闡提は将来さとりを得ることができることを予想しうるのである。ところが大悲闡提はこの断善根闡提をもさとりに導くことを誓願としその方便を持っているために、彼は永遠にさとりに入ることはできないと考えられるのである。大悲闡提は大乗仏教の理想的人物であり、大乗仏教徒の象徴であるといわなければならない。

(4)禅の方面について述べたものとして、四種禅がある。これはインドにおける宗教・哲学を通して、禅定の上でみたもののようである。

愚夫所行禅・観察義禅・攀縁《はんえん》如禅・如来禅の四つだが、愚夫所行禅とは愚人の実修する禅定ということで、経典では声聞・縁覚たちの禅定となっている。声聞・縁覚とあるから仏教内、特に小乗仏教の聖者である。したがって小乗仏教の禅定がこれに相当するものだろうが、経典の説明でみれば、小乗仏教に限定せず、外道の禅定も相当する。この禅定の修行者は特に人無我（自己の個体に実体はない）を観察するという。

観察義禅とは意味を観察する禅定のことである。特に法無我（客体的すべてのものに実体はない）の意味を観察する禅定で、大乗仏教、なかんずく空思想にもとづく禅定を指している。

攀縁如禅とは真如を対象とする禅のことで、人無我・法無我の二無我がありのままに顕現し、その真理に安住することによってすべての思量分別を離れることができる禅定である。

如来禅とは如来の境地における姿になり、聖なる自己のさとりの智慧を楽しみ、すべての衆生の利益に専念する禅定のことである。この如来禅はすべての三昧を包括するものである。

この四種禅は、さきにも述べたように、すべての宗教的行為を禅定とみているものだが、結局は如来禅が代表的禅となる。これにヒントを得てできたと思われるもう一つの禅の分類が中国でなされた。八―九世紀にかけて活躍した圭峰宗密《けいほうしゅうみつ》という人が著書『禅源諸詮集都序《ぜんげんしょせんしゅうとじょ》』の中で、禅の深浅をもとに、五種に分けて考えたものが述べられている。対照表をあげておこう。

〔楞伽経〕　〔宗密〕

愚夫所行禅――外道禅・凡夫禅
観察義禅――小乗禅
攀縁如禅――大乗禅
如来禅――最上乗禅

（田上太秀）

父母恩重経——はかりしれない親の恩

経名について

『父母恩重経』は「ブモオンジュウキョウ」と読む。「父母の恩の重さについての経典」という意味である。

この経典の正式の呼び名は、経典自身『父母恩重大乗摩訶般若波羅蜜経』（父母の恩の重さについての大いなる智慧の完成を述べる大乗経典）といっているので、般若経典類の一つのように思われる。この経名の略称が『父母恩重経』であるようだ。

これは『大正大蔵経』第八十五巻一四〇三頁中段から一四〇四頁上段までに収められた五十九行の短い経典であり、『大正大蔵経』所収のものには「仏説」の語句が冠付されている。

今日、一般には『父母恩重経』で通用し、知られている。

孝の経典

古い時代に中国語の翻訳された経典には「孝」のことばが出てくる。ところが「孝」のインド原語はなんであるのかはっきりしていない。そこで中国の「孝」という観念がインド社会にはなかったと考えられるのである。漢訳経典中の「孝」の語はどうも漢訳者たちが挿入したものであるらしい。

「孝」の観念とその実践については、仏教が中国に伝来する数世紀も前に、儒教の家族制度によって絶対権威として制度化され、一般化していた。そのような社会制度の中に仏教の倫理思想が入っていくためには、それなりの対応がなされなければならない。そこで『仏昇忉利天為母説法経《ぶっしょうとうりてんいもせっぽうきょう》』や『六法礼経』などの翻訳に当たっては、特に儒教の五倫五常に合わせて「孝」の説を取り入れて翻訳するようになり、また『仏説孝子経』や『仏説父母恩難報経《ぶっせつぶもおんなんほうきょう》』なども同じように順応するためにつくられた経典であるといわれている。つまりインド原典がない偽経と考えられる。さらに、明らかに中国人の手になる偽経として、『父母恩重経』、『提謂波利経《だいいはりきょう》』、『盂蘭盆経《うらぼんきょう》』などがある。

なぜ、あえて仏教僧たちがこのような経典をつくらねばならなかったかという疑問が残るであろう。これは孝の観念が制度化されているところに同化しなければならなかったということに尽きるわけだが、実は仏教思想には、孝の観念がもともと強調されてないのである。仏教教団に入信するものは家庭も地位も財産も捨てなければならないのであるから、そうなると父母に対する孝行の実践はできなくなる。

仏教の出家者たちは父母に孝養を尽くせないということになれば、中国社会に仏教が伝播することははなはだ困難であったと考えられる。また、儒教・道教の側からも、これに対する批判があった。仏教はまたこの批判にも答えなければならなかった。仏教はこのような事情のもとにさきのような偽経をつくったのである。

『父母恩重経』も「如是我聞」をもって書き始めて、「歓喜奉行」で終わる立派な経典形式をとってはいるが、インド原典はなく、明らかに偽経であるとされている。中国の経典目録のうち『開元録』や『貞元録』などによると、この経典には中国の丁蘭《ていらん》、薫黯、郭巨《かくきょ》などの孝子の名前を引いているので偽経であると説明している。これら経録が述べるところの『父母恩重経』は現存していない。現存するものにはさきの孝子の名前はなく、インド経典らしい体裁を整えるためにみな省かれたもののようである。

異本と註釈書

『父母恩重経』の原典は『開元録』や『貞元録』に記載されたものであろうが、これには前述のように中国人の有名な孝子たちの名前が出ている。この原典は現存していない。

この原典の一部を改作して孝子たちの名前を省いたものが敦煌《とんこう》石室の中から発見された。これは唐代の写本であった。この異本は圭峰宗密著『盂蘭盆経疏』の中に引用されており、現在の『大正大蔵経』に収められているものに相当する。

後世広く流布した『父母恩重経』は、この敦煌出土のものを増広しており、高麗写本の巻中に相当するものである。

また高麗写本の巻上に収められたものもあるが、これをもとに作成された承徳《じょうとく》三年、寛永二十年刊の絵入りの図絵本『父母恩重経』もある。これには朝鮮でつくられた正統十二年の写本、万歴十一年、康熙《こうき》二十六年の写本がある。

また、最も短い写本が高麗写本巻下に収められている。

註釈書として列挙されるものには、さきの高麗写本巻中の増広本に対する註疏《ちゅうそ》が多い。

父母恩重経鈔　二巻　亮汰撰
〃　頭書　二巻　亡名撰
〃　諺解《げんかい》　一巻　亮典撰
〃　直解　二巻　玄貞撰
〃　鼓吹　七巻　玄貞撰
〃　罔極抄　二巻　真賢撰
〃　和解　二巻　雄弁撰

右の中、なかんずく鈔と鼓吹とが分かりやすいのだが、鈔の註釈が簡明である。鼓吹は仏教用語の解説がたいそう詳しく有益であるが、註釈書としては鈔がよい。罔極抄は鈔の註釈書だから疏である。

現代語訳について

古来、註釈書はさきの増広本が底本となっている。また、今日現代語訳されているものも増広本を使用しており、また現代語訳といっても意訳したものが多く、純粋に現代語訳したものは少ないというよりないに等しい。いま『大正大蔵経』から現代語訳したものを掲げることによって、その内容を直接理解していただきたいと思う。

［現代語訳『父母恩重経』］

わたくしは次のように聞いている。

ある時、ほとけがラージャグリハの「鷲《わし》の山」という山の上で、偉大な菩薩たち、聖弟子《しょうでし》たち、多くの男女の修行者、信者たち、すべての天・人・龍神・鬼神たちなどに囲まれて説法していた。彼らは一心にほとけの顔を仰ぎ見、まばたきもせず、目をそらすこともなく、説法に聞き入っていた。

ほとけは次のように説法した。

「人間が生まれ、この世間に生存できるのは父母を縁とするからである。父なくしては生まれない、母なくしては育たない。母胎に宿り、みごもること十ヶ月、歳満ち、月充《み》ちて草の上に生まれ堕《お》ち、父母はこれを受けてやさしく養育する。眠れば乳母車(1)に寝かせ、抱けば『アワワ』と声をかける。赤子は口を大きく開けて、ただほほえむ。

飢えたとき、食物を与えても赤子は母の与えるものしか口にしない。渇いたとき飲物を与えても赤子は母の与えるものしか飲もうとはしない。母は飢えていても赤子が求むれば、苦渋のものは自らが食べ、甘露のものはわが子に与える。臥所《ふしど》に湿気のところあれば、母はそこに臥し、わが子を乾いたところに寝かせる。

父であるから親しく、母であるから育《はぐく》む。慈（父）母にして初めて赤子を養うのである。

乳母車を飛び出し、処々に糞尿《ふんにょう》の不浄物を粗相しても、それを厭うこともなく手づかみで母は洗浄し、十指の爪の中に子の不浄をはさんで飲食しても覚えるところがない。

母乳を飲む量をはかるならば、生まれて三歳までに八斛《こく》四斗《とう》（一五一二〇リットル）の乳を飲むといわれる。母の恩をいくら語り尽くしても夏の空の極まるところがないように際《きわ》なく、はかり知れない。この慈母の恩にいかにして報い得ようか」

阿難尊者はほとけに言った。

「いかにしてその恩に報い得ましょうか。これについてお教えください」

ほとけは阿難尊者に言った。

「おまえよ、よく聞いて、よく心に銘ずべきである。わたくしはおまえたちのために、わかりやすく説明しよう。

父母の恩は夏空の際まりがないようなものである。もし孝順で慈孝の子が父母を幸せにして、経典をつくったり、（九十五日間の夏の安居が終わった七月十五日に修行者たちが）自らのさんげをする日に灌仏《かんぶつ》の器や先祖供養のための器を作って、仏や修行者に献上するならば、はかり知れない果報を得るであろう。必ずや父母の恩に報いることになるであろう。

もしこの経典を書写し、世間の人々に伝え、よく理解し奉持し、読誦すれば、この人は父母の恩に報いることを知らなければならない。

父母の恩にいかにして報いることができようか。

家貧しくて父母は生計のために、また愛児を養うために東へ西へと他処に働きに往き来し、隣村の民家に行っては井戸の水汲みや、薪割《まきわ》りやかまどの火たきなどをしたり、米碓を終日踏んだり、石臼《いしうす》をひいたりなどをする。その間にも子への念いは離れがたく、時ならず、心配で家に走り戻ってみると、泣きわめきながら、急ぎ帰り来る母をはるかに手をさしのべて見ている。あるいは乳母車の中で頭を左右に振り、心は喜びで一杯である。あるいは腹ばいになって『アーアー』と言って母の方へ寄って来る。母はこの子のために身をその方へ曲げ、両手をさし出す。その子の衣服についた土を払い落として抱きかかえ、『アワワー』と言って口づけをし、ふところを開いて乳房を出して乳を飲ませるのである。

母はわが子を見て歓び、子は乳を飲みながら母の顔を見上げる。その子の眼を見て母は喜ぶ。二人の心情に相交わる恩愛と慈愛の重きこと、これに勝るものはない。

二歳、三歳になると自分の意志で遊びに出かけるようになる。食事時《どき》になっても母が呼ぶまでは気がつかない。

父母がどこかの宴席に出向いた折、肉や餅《もち》などのご馳走《ちそう》があってもそれを食べず、懐紙《かいし》につつんで持ち帰り、わが子に与える。十度のうち九度は持ち帰り、そのたびにいつも歓び喜ぶのである。しかし一度でも持ち帰ることがないと泣いて父にせまり母に訴えたりする。ウソ泣きをして親を困惑させる子は不孝の子で、五擿《たく》の刑(2)を受けることになる。ウソ泣きをしない子には決まって孝順の心がある。

ついに十五歳、十六歳ころに成長し朋友《ほうゆう》と相交わるようになると、父母は子の髪をくしけずり、髻《もとどり》をつくりなでてやり、子が好みの衣服で身を装いたいと思えば、父母は自ら古着やつづれ着をまとい、子には綾羅錦繡《りょうらきんしゅう》の衣服を買って与える。

子が公用や私用で、やれ南へ、やれ北へと忙しく出張すれば、親の心もやれ南へ、やれ北へと馳《は》せ、子が東へ西へと行けば父母の心は東へ西へと追いかける。ひと時も子のことが頭からはなれず、(衣服の乱れ、髪の乱れにも気づかないほどである)(3)。

その子も好きな子女を娶《めと》れば、日々父母に疎遠となり、自分たちの部屋にこもって妻とだけ語り娯楽するようになる。

父母も年たけて気力も衰老しているのに、朝から晩まで、ましてや夜半にさえも父母を気遣い言葉をかけることもない。母に先立たれた父は孤独で、父に先立たれた母は寡婦で、ひとり空房を守るさまは旅の客人が旅籠《はたご》に独り寝するようである。その子に父母への恩愛はすでにない。

またその父母は防寒の衣服を与えられていないために、寒さに凍え、甚寒《じんかん》肌を徹する苦しみを忍び、飢渇の苦しみのために日々にやせ衰えることははなはだしい。

年老い力衰えて、多くのノミ・シラミ(4)に皮膚を喰《く》われ、日夜、そのために安らかに眠ることもない。ああ、前世の何の罪業によって、こんな子を生み堕《おと》したかと父母は嘆息するのである。

あるときなどは、わが子を呼べばその声に驚いたようにして眼を怒らせて、罵詈《めり》して父母の声を制したりもする。そのあとでわが子とその妻は顔向き合わせてクスクスと笑っている。この妻もまた不孝の子で五摘の刑を受けることになる。この夫妻は同じく五逆罪(5)を犯しているのである。

年老いたるとき、父母に急患のことあってわが子を使い走りさせようと呼んで、十度頼んでも九度は背いて随おうとはしない。かえってののしり、叱りつけ、『世の助けともならず、ただ恍惚となって生きながらえているだけで、早く死んでくれればよい』と老父母に向かって言ったりする。父母はこのことばを聞いて悲しみなげき、悔《くや》み恨み、身心とも悩み、両眼より数条の紅涙を流す。このように悲涙すること日々重なって、老眼ついに失明することになる。父母は、『おまえは幼少のとき、わたくしがいなかったら、いまのおまえには成長しなかっただろう。おまえのような子を産むぐらいだったら、子供のなかった昔のほうがよかった』と悔恨する」

またほとけは阿難尊者に言った。

「善男子よ。善女子よ。もし父母のためのこの『父母恩重大乗摩訶般若波羅蜜経』の中の一句一偈でも受持し読誦《どくじゅ》し、さらに書写することがあって、一たびでもその耳目に触れるものがあれば、いかに五逆の重罪でも余すことなく消滅して、とわに罪を受けることはないであろう。常にほとけに親近《しんごん》し、ほとけの法を聞くならば、すみやかに解脱を得るであろう」

阿難尊者は座より起《た》ちて、右肩をはだぬぎ、五体投地(6)してのち、合掌して前《すす》みてほとけに言った。

「世尊よ、この経典はどのように名づけましょうか。そしてどのように信仰したらよいのでしょうか」

ほとけは阿難尊者に言った。

「この経典を『父母恩重経』と名づけよう。もし一切衆生がよく父母を幸せにしてやり、経典を造り、ほとけに請うて三宝を礼拝、供養し、衆僧に飲食を与えれば、かならずや、この人はよく父母の恩に報いることになるであろう」

帝釈天、梵天、諸天、人民、そして一切衆生はこの経典を聞いて歓びに喜び、菩薩の心を起こした。彼らの啼哭《ていこく》は大地を動かし、感涙は降雨のように流れた。

みな五体投地して、この教えを信じて奉持し、仏足に頂礼し[7]、歓喜して奉行した。

註(1)　原文には「蘭車」「闌車」とある。種々の註釈書には意味不詳とあるが、亮汰述『科註《かちゅう》父母恩重経』には、「未レ詳二梵漢一。或云二梵語一。此云二襁褓一。世為二漢語一非也。」といって、子供を背負うための帯のことだと解釈した。サンスクリット語にラッジュ(rajju)という「紐《ひも》・綱」の意味の語がある。この音をそのまま音写すると「蘭車《らんしゃ》」という漢語に通じるが、実はこのような音写語は、調べた限りでは、漢訳仏典中のどこにも見当たらないようである。これも当たらないわけではないが、蘭車は「鸞車《らんしゃ》」のことで、「天子のくるま」を意味するものとも考えられる。この鸞車の語は中国の諸々の文献に多出するものである。と

いって、「蘭」の音が「鸞」の音に置き換えて用いてよいかどうかは確信がない。漢訳仏典のどれを調べても「蘭車」「闌車」という語は出ていないので、この語はなかったといえよう。現代語訳するに当たって、鸞車——天子のくるま、と解釈して、ここではこれは乳母車に相当すると思われ、この用語をあてた。

(2) 四肢と首との五つの部分に縄をかけてそれぞれを牛に牽《ひ》かせて五体を引き裂く刑のこと。

(3) 増広本に「横ニ簪《カンザシ》頭上ニ」とあるのを補充して訳した。

(4) 原本には「蟻虱」とあるが、ノミ・シラミに変更した。

(5) 父を殺し、母を殺し、さとりを得ている聖者を殺し、修行僧を殺し、仏の身体に傷をつけて出血させるなどの五つの罪を犯したものを五逆罪という。この経典では父と母とを悩害したことをいうのだが、これを五逆と表現している。

(6) 五体投地は仏に対する最高の敬意を表す礼拝である。地面にうつ伏せになり、手足を揃えて伸ばした状態のことで、今日でもインドでは行われている。わが国ではうずくまったような形のものになっている。

(7) 「仏足に頂礼する」とは最高の礼儀を意味する。インドでは王様や高貴な人への礼儀として、その人の足に額をつけて挨拶するのが最高の尊敬の意を表すとされている。その慣わしにならって、仏の足に額をつけて礼をするのが頂礼仏足である。

父母の十恩

いま紹介した『父母恩重経』は後に内容が増加し詳しくなった。経典の後の部分に父母の十恩というまとめが加わっている。この十恩は常に心に銘記すべきものと考える。

一、懐胎守護《かいたいしゅご》の恩

慈母は受胎してから十月《とつき》の間、行住坐臥《ぎょうじゅうざが》にさまざまの苦しみを経験しながらも、胎中の子の成長を念じ、それを守護し、一時も忘れることがない。受胎中の母の心は仏・菩薩の心に同じく、たとえ、何人子供を生んでも、その都度、心に変わるところはないといわれる。大きな腹をかかえて歩く母の姿は一分のすきもない剣の達人の歩きにも似たものがあるように思われる。

二、臨産受苦の恩

十月十日《とつきとおか》、月満ちて産まれる時、親に、特に母には大きな苦労をかけるものである。いま産まれようとする時、昼夜に愁悩し、もし難産でもするようなときは百千の刃《やいば》をもって切り割くような苦しみを受けるといわれる。安産であれば、父母・親族のものは大いに喜び、まさに貧女が如意宝珠を得たようなものにたとえられよう。この父母の出産時にあたっての身労心労に対して報いることは難しいのである。その父母の心は何にもたとえがたいといえる。臨産の母危く父怖れるその心情、まさに言いがたいといわなければならない。

三、生子忘憂の恩

母は出産に臨み、半死半生の間に劇《はげ》しい苦痛を受けるけれども、その子がひとたび生まれ呱々《ここ》のうぶ声をあげると、母はこれを聞いてあたかも音楽を聞く思いをして、自分のいまの苦しみはすべて忘れて、ただ子の無事安全であることだけを喜悦するのである。仏典に「其の子声を発するは音楽を聞くが如し」と述べられていることはこのことである。

四、乳哺養育《にゅうほよういく》の恩

母は子が誕生してからは昼夜に上味の乳を与えて、その養育にあたる。たとえ多忙の中にあっても時間をさいて静かに授乳する。ある仏典の中には胎中にいるときから生まれて三歳になるまでに子の飲む乳は一八〇斛《こく》（一五八四〇〇〇リットル、一説）だとも教えている。母は子を養育すること数年にして、その容顔はみるみる憔悴《しょうすい》してしまう。この乳哺養育の恩を忘れてはならない。

五、廻乾就湿《かいかんじゅしつ》の恩

父母の懐《ふところ》に抱かれて寝ているうちに、ふとんに大小便をして、ために濡れることがある。父母はそのときも、子には乾いたところを与えて濡《ぬ》れたところに自分たちが寝て、厭いはばかるような思いがすこしもない。

六、洗濯不浄《せんかんふじょう》の恩

父母は子の不浄物を厭わず洗浄し払拭《ふっしょく》する。食事時のおしめの取り換えは、独身者や、子のいない人たちにとっては厭嫌すべきものに思われる。わが子のためとなれば、たとえ食事中であってもにおいがしても厭わず取り換えてやる。母は糞《くそ》を拭《ふ》き、手をもって尿を洗い、十指の爪の中には常に子の不浄のものが残っていても飲食する時に覚えず、不浄をなめることさえ厭わないのである。

七、嚥苦《えんく》吐《と》甘《かん》の恩

父母は自らはまずいものを食し、子には美味のものを与える。母は雑物を食しても子には美味の乳を飲ませる。どんな寒い時も、どんな暑い時も、いつも適温の乳を与える。乳は母の貴賤《きせん》の区別なく、常に美味である。母は甘い、すっぱい、塩からい、苦い、辛いの五味の食物を口にしても、常に子には同じ美味の乳を与える。

仏典に女人の骨が黒いのは白乳を出すからという。母の授乳の恩ははかり知れないものがある。

八、為造悪業《いぞうあくごう》の恩

父母は子のためにあえて諸罪をつくり、その因縁によって死して三塗《さんず》の河を渡り地獄で長時の苦を受けることにもなると仏典は述べている。そもそも父母はわが子があるために悪業をつくるというのならば、子は父母に悪業をつくらせていることになる。このことに思い至った時に、子はどのようにすればよいのであろうか。

九、遠行憶念《おんぎょうおくねん》の恩

さきの経典に述べられているように、子が南北に行けば父母の心は南北に走り、東西に向かえば父母の心は東西に追うのである。なりふり構わず、顔の汚れも忘れ、衣服の乱れにも気づかず、ただ子のことだけを念じているのである。

十、究竟憐愍《くきょうりんみん》の恩

父母の憐愍の徳は広大で比類がない。古来、父母の恩愛は海より深く、山より高しという。子の身が患えば父母の身も患い、子が悲痛すれば父母も悲痛し、代受しようと心を痛めるのである。維摩居士が、衆生病むが故にわれ病む、と述べた心情は、仏・菩薩の心情を指しているが、同時にこれは父母の心情にも通じているのである。ここに至って父母の恩は究竟しているといえる。

以上の十恩をもって『父母恩重経』の要旨と考えてよく、常に心に銘記していなければならないものと思う。宗教思想、倫理道徳の原点であるといえよう。

（田上太秀）

Ⅲ　密教の経典

大日経――如実に自心を知る

人生の達人？

つい先だってのことであるが、朝、新聞を見ていて、ふと或ることばが目にとまった。それは或る有名な文筆家の対談集か何かの広告であったのであるが、その人が「人生の達人」と呼ばれていたのである。「人生の達人」？　このことば自体はこれまでにも何度か耳にしたことはある。しかし、そのとき私がなぜあらためてこのことばを訝《いぶか》ったかというと、それは、「人生の達人」というからには、その人はこれまでにも少なくとも何回かの人生を経験してきて、それに関する知を充分に蓄積してきており、その人生知を自らの生に応用することによってそれを現在の成功の状態にもたらすことができた人である筈《はず》である、という身も蓋《ふた》もない理屈がふと心に浮かんだからである。

たしかに、仏教の理論からすれば、我々は無始時来の過去世にすでに無数回の生を重ねてきた筈なのであるが、それに関する知識を現在の生において意識の上に呼び出すことができるか、というと大いに問題があるのである。もしそれができるなら宿《しゅく》命通《みょうつう》ということになり、これは神足通《じんそくつう》、天眼通《てんげんつう》、天耳通《てんにつう》、他心通《たしんつう》とともに五神通《ごじんづう》といって、いわば超能力に属するものであるからである。ことに宿命通は未来予知能力たる天眼通、煩悩《ぼんのう》を滅して輪廻《りんね》を脱する漏尽通《ろじんづう》とともに、三明《さんみょう》といって、仏や阿羅漢《あらかん》に特有の能力なのであるが、どうもこの場合、私にはこの著名な人が仏とも阿羅漢とも思えなかったのである。

私のこの不審には伏線があった。それはかれこれ七・八年前のことになるが、年の瀬の忙しい最中であったが、何かの用で台所に行った私は、そこでつけ放しになっていたテレビが古い「嵐が丘」の映画をやっていたのにふと目を止め、当面の用を忘れてそれに見入ってしまい、そしてそのラストシーンに至って思いもかけず涙を、それもかなり盛大に流してしまったのである。そのシーンでヒースクリフは死んだキャシーに向って、「(君はこの世での life を知らなかった。この世の life を知らない者には天国はない。だから)幽霊《ゴースト》になって私につきまとい、私を苦しめてくれ。私を独りにしないでくれ」と口説くのである。

私は私のこの突然の涙を不思議に思った。そのせいか、後日再び（今度は深夜放送で）見ることが出来、そのラストシーンを確認するとともに、一つの発見（実は詳しい人なら誰でも知っていることなのかもしれないが、とにかく私にとっては一つの発見）をした。それは「これは漱石なのではないか」というものであり、それは続いて私を「漱石はロンドン留学中に「嵐が丘」の原作を読んでいたのではないか」という推測に導いた。私がそう推測したのは「嵐が丘」のラストシーンが『坊っちゃん』のそれとそっくりだったからである。そのシーン、キャシーはヒースクリフに抱きかかえて窓際につれて行ってもらい、彼方のヒースの茂る荒野にポツンと突出している岩山（ペネストン岩）を望んで「私たちの城よね」と言い、「あそこで待っているわ、あなたの来るのを」と言って死ぬのである。他方、『坊っちゃん』は、「清《きよ》は……死ぬ前日おれを呼んで坊っちゃん後生だから清が死んだら、坊っちゃんの御寺へ埋めて下さい。御墓のなかで坊っちゃんの来るのを楽しみに待っておりますと云った。だから清の墓は小日向《こびなた》の養源寺にある」で終わる。この文は漱石に一貫する或る韜晦《とうかい》の外皮をめくれば「嵐が丘」のキャシーの言葉と全く同じなのである。

この一致に興味を覚えた私は改めて『漱石全集』（昭和四十一年）を読み直した。その結果解ったのは、『坊っちゃん』から（よりしつこく言うなら『琴のそら音』と『趣味の遺伝』から）『明暗』に至る漱石の小説の系列はすべて「嵐が丘」のモチーフの繰り返しなのではないか、ということであった。この推測の理由をあと二例、挙げておこう。

一つは全漱石の中でもとび抜けて pathetic なシーン、すなわち代助が三千代にその本然の愛を告白するシーンである。代助は「僕の存在には貴方《あなた》が必要だ。何《ど》うしても必要だ」と言い、三千代は（愛していたなら）「何故《なぜ》棄てて仕舞《しま》ったんです」と言って泣く。代助は「僕が悪い。堪忍して下さい」と言うより他ない。「嵐が丘」では、駆け付けて来たヒースクリフは死につつあるキャシーを「君は（僕に対する）君の愛を知っていながらそれを捨てたのだ」と責め、キャシーは優しい、そして悲しそうな微笑を浮かべて「私を許して、《フォーギブ・ミー》もう時間が無いの」と謝る。

もう一つは、直接に小説からでなく、小宮豊隆が『明暗』の「解説」で引いている漱石の大正三年十一月十四日附の林原耕三宛ての手紙である。漱石はそこで「私は……本来の自分には死んで始めて帰れるのだと考へている」と云う。キャシーは一度は見失なった彼女の本来の自分を改めて見出した時、生きる意志を失う。この映画のラスト、すっかり混乱したケネス医師が嵐が丘の屋敷にとび込んで来る。彼は今しがた、ペネストン岩に通ずる丘の道を「女と二人で登って行く」ヒースクリフを見たと言う。

二人に近づくと馬が棹立《さおだ》ちになり、医師は雪の上に放り出されたのであるが、気がつくとヒースクリフは一人であり、雪の上に残った足跡も彼一人のものであったと言うのである。それを聞いた乳母のエレンは言下に「それはキャシーお嬢さまよ」と言い、「(ヒースクリフは)死んだのか」と訊《き》く客(この物語の発端、道に迷い一夜の宿を求めた旅人)に「いいえ、彼にはやっと本当の life が始ったのです、キャシーお嬢さまと一緒の」と答える。ヒースクリフも彼の「本来の自分に死んで始めて帰」ることが出来たのである……。

しかし(これは漱石が「嵐が丘」を読んでいたという仮定に立った上でのことであるが)、これら三つの例に限らず、「嵐が丘」と漱石との間に見出される多くのあからさまな(その都度それぞれ韜晦の外被を着せられてはいるが)対応を見るとき、われわれはそれをどう理解すればよいのか。漱石は「嵐が丘」を模倣したのか。どうもそうとは考えられない(それでは彼に一貫する「嵐が丘」的モチーフの持続の説明がつかない)。

いや、結論だけを(まことに陳腐な結論ではあるが)述べておこう。彼は要するに「嵐が丘」に彼自身の或る原体験を見出したのである。そしてそれ以後、それを反芻《はんすう》するのが彼の習慣となり、その自《おの》ずからなる表出が『坊っちゃん』から『明暗』に至る小説家としての彼の生の本質の遂行であったのである。

周知のことであるが漱石は『明暗』を書いているその途中で倒れ、そして死んだ。これは彼が件《くだん》の「手紙」の中で「(私は)生より死を択《えら》ぶ」、しかし、「自殺はやり度《た》くない」と言っていたその事がまさに実現したことを示している。このことは蓋《けだ》し、彼が私がこの項の初めに「人生の達人」と言ったその意味、要するに「処世の達人」、とは全く逆の意味で「人生の達人」であったことを意味しているのではないだろうか。それは〈ゴータマ・ブッダの宗教〉(原始仏教)の「現法的梵行《げんぼうてきぼんぎょう》」という根本語にも適《かな》っている。彼は「その死を目処《めど》とする浄《きよ》らかな行為の持続」の果てに本当に「涅《ね》槃《はん》」に入ったのかも知れないのである。

如実知自心

前置きが長くなってしまったが、この稿の目的は私の素人漱石論や青くさい人生談義を述べることにあるのではなく、この人生とは何かという問題を正面から取り扱った経典が『大日経《だいにちきょう》』であることをいいたかったのである。『大日経』は、正確にいえば、その初品・住心品《じゅうしんぼん》の大部分は、前述の『華厳経《けごんぎょう》』に示された大乗仏教そのものともいうべき世界観・人生観をそのまま受け継ぎながら、この経の広大すぎる内容を、まさにこの「如実に自心を知る」（『続仏教語源散策』、「如実知自心」の項参照）という一点に集約して、それを我々に端的に示してくれるのである。ここにおいては、我々の人生、すなわち一個の人間としての限られたこの生を生きることの意味が、大袈裟《おおげさ》ないい方ではあるが、全宇宙を包含して無始以来の過去から永遠の未来に至る広大にして甚深の視野の中においてとらえられている。人生とは「如実に自心を知る」永遠の過程のそれぞれに必須《ひっす》の一コマなのである。そして自らのそのかけがえのない生を生きることは遍宇宙的実在としての法身毘盧遮那の中に生きることなのであり、それと同時に法身毘盧遮那《びるしゃな》を生かすことでもあったのである。

法身毘盧遮那とは、一切智智（sarvajñajñāna 全知者の智慧《ちえ》）である。これは全宇宙をその種々相のままに包含する全一の精神性のことである。『大日経』の冒頭、この一切智智の展開のありさまが一種神秘劇的に描かれるが、「世尊毘盧遮那の加持によって」すなわちこの全宇宙的な智慧そのものの法然の力をその身に蒙《こうむ》って、この智慧の世界をまのあたりに見た対告衆《たいごうしゅ》・金剛手菩薩《こんごうしゅぼさつ》は、この一切智智の因（hetu 原因）と根（mūla 存続の根拠）と究竟《くきょう》（paryavasāna この智慧が存続することの究極の目的）とを問う。それに対し、世尊毘盧遮那は次のごとくに答える。

「（一切智智の）因は菩提心《ぼだいしん》である。根は大悲である。究竟は方便である。秘密主よ、この場合、菩提とは何であるか、というなら、（それは）自己の心を如実に遍《あまね》く知ることであって、それはまた無上正等覚なのである」

この因と根と究竟の三つは「三句《さんぐ》の法門」といわれて、『大日経』の中心的教義とされるのであるが、この三者がいずれも我々個々の主体性に関わる概念であることを認識することが、『大日経』理解のカギである。我々は、一人の人間としては、一切智智、すなわち広大無辺の法身毘盧遮那を構成する極小の部分の一つに過ぎない。しかもこの極微の一部分が、極大の全体の存続の条件をその一身に担っているのである。「菩提心」とは、この場合、菩提（bodhi さとり）を求める心、である。我々個々の人間の、さとりを求める心が法身毘盧遮那を存続させる原因なのである。そしてその「さとり」とは「自己の心を如実に遍く知る」（如実知自心）ことに他ならない。我々の人生は、それが「自らの心を知る」過程の一コマである時、それが真の意味の人生である。我々の生とは、その極小の生が、しかも、真実際の世界の全体を担っている限りにおいての生なのである。では、具体的にどうすれば我々はこのような生を生きることができるのであろうか。それを真正面から説くのが『大日経』の住心品（こころの章）なのであり、つまるところ「三句」なのである。

大日経の由来

『大日経』は具《つぶ》さには『大毘盧遮那成仏神変《じんぺん》加持経』という。梵名《ぼんめい》は Mahāvairocanābhisambodhi-vikurvitādhiṣṭhāna-vaipulyasūtrendrarāja nāma dharmaparyāya（大いなるビルシャナ仏の現等覚とその現等覚を契機として出現する神変が一切衆生の上に加持されるありさまを説く方広経であり、諸経の帝王と名づけらるべき真理の教説）である。七世紀の中葉に成立したとされる。

漢訳（『大正大蔵経』第十八巻）は七巻三十六品よりなるが、このうちの第七巻、第三十二品以下は「供養次第法」といって、前六巻三十一品の本経とは本来別のものである。

本経は入竺《にゅうじく》僧無行《むぎょう》がインドで入手したもので、無行は不幸にして北インドで客死したが、彼が入手した『大日経』はその後中国に送られ、長安《ちょうあん》の華厳寺《けごんじ》に保管されていたのを、後にインド人の僧善無畏《ぜんむい》三蔵《さんぞう》（Śubhākarasiṃha 六三七―七三五年）が見出《みいだ》し、開元十二年（七二四年）洛陽《らくよう》の大福先寺《だいふくせんじ》において翻訳したもので、それを一行禅師《いちぎょうぜんじ》（六八三―七二七年）が筆記したものである。善無畏はその際、中国への旅の途中、自らがガンダーラで入手した供養法を第七巻として編入し、翌開元十三年に翻訳は完成した。この翻訳の過程で善無畏が『大日経』の内容を講述し、それを一行《いちぎょう》が筆記したものが『大日経疏《しょ》』二十巻（『大正大蔵経』第三十九巻所収）である。

チベット訳は九世紀の初頭、インド僧シーレーンドラボーディ（Śīlendrabodhi）とチベット人翻訳官ペルツェック（dPal brtsegs）の共訳になるものである。七巻二十九品よりなる本篇に外篇七品が付加されており、合計三十六品よりなる（『北京版西蔵大蔵経』第五巻所収）。

チベットに伝わる註釈《ちゅうしゃく》としては、八世紀末から九世紀初頭にかけて活躍したブッダグヒヤ（Buddaguhya）の広略二本の註釈がある。『広釈』には『未再治本』（北京版、第七十七巻所収、三四八七番）と『再治本』（同、三四九〇番）とがある。前者は著者ブッダグヒヤ自身がチベット語に翻訳したもので、その引文は、チベット訳本経とは、多少形態の異なる「ブッダグヒヤ本」とでも称すべき伝本の形態を反映していて、文献操作をする上で重要である。『再治本』は後代、シェンヌペル（gShon nu dpal）がその引文の部分を『西蔵訳大日経』の相当部分をもって入れ換えたものである。『略釈』（第七十七巻所収、北京版、三四八六番）は、著作されたのは『広釈』より以前であるが、有名なカマラシーラ（Kamalaśīla 蓮華戒《れんげかい》）と中国の禅僧大乗和尚《おしょう》との間にたたかわされたいわゆる「ラサの論争」（七九二―七九四年）の後に、本経の翻訳と同時に、または、わずかに後れて、翻訳されたもので、引文の部分は本経の相当部分に入れ換えられている。『大日経』は、梵文原典が今に伝わっていないため、研究が困難なのであるが、善無畏訳の『大日経』と、ブッダグヒヤのこれら三本の註釈を批判的に操作して、何とかその内容が理解できるわけである。

大乗の思想と密教の思想

さて、話をおいおいもとの「如実に自心を知る」つまり、我々の人生の問題に戻すのであるが、ここで一つ、明らかにしておかねばならないことがある。それは『大日経』が大乗仏教の経典か、それとも密教の経典か、という問題である。結論を先にいってしまうなら、我々の「こころ」とは何か、人生とは何かという問題を論じる初品の「住心品」は大乗仏教であり、第二品「入曼荼羅《まんだら》具縁真言品」、いわゆる「具縁品」以下は密教である。いや、もっと正確にいえば、「住心品」の終わりの部分の、「十縁生句」以降が密教である。だから、『大日経』の「十縁生句」の直前で、大乗仏教は終わるのである。『大日経』は、ある意味で「最後の大乗仏教」なのである。

日本では、古来、『大日経』と後述の『金剛頂経《こんごうちょうぎょう》』を「両部大経」と称して、それを純粋密教（純密）と見なす。そして、その場合、『大日経』で問題にされているのは、密教的部分よりも、むしろ、「住心品」の大乗仏教的部分なのである。一例を示すなら、弘法大師空海は、その生涯の最後の著作である『吽字《うんじ》義《ぎ》』の、そのまた最後、「合釈」の部分で、次のごとくにいっているのである。

「次に此の一字を以《もっ》て、通じて諸経論に明す所の理を摂することを明さば、且《しばら》く大日経及び金剛頂経に明すところ、皆此菩提〔心〕を因と為《な》し、大悲を根と為し、方便を究竟《くきょう》と為すの三句に過ぎず。もし広を摂して略に就き、末を摂して本に帰すれば、則《すなわ》ち一切の教義此の三句に過ぎず」

もしこれが空海の本音であるとするなら、これはちょっと凄《すご》いことをいっていることになる。空海が密教を否定しているとも考えられるからである。すなわち、「三句」はあくまで『大日経』の、大乗仏教の部分の思想であって『金剛頂経』の思想ではなく、かつ、『大日経』の「三句」の思想と『金剛頂経』の即身成仏の思想は二律背反的であって絶対両立しないからである。空海は日本密教というものを、大乗仏教の流れの上に位置すべきもの、と考えて、「三句」が『金剛頂経』の思想ではないことを百も承知の上で、わざと「大日経及び金剛頂経に」といったのであろう。彼は密教と大乗仏教の両立や綜合が至難、いや、原理的に不可能であることを充分認識しつつ、日本密教が福智二資糧の積集《しやくじゆう》の立場をとる大乗仏教と、即身成仏、すなわち、絶対者とのヨーガを理想とする純粋の密教という水と油の両要素の併存という大きな危機を内包し、むしろその危機の内包を意識するが故に生き生きと活動し、さらに発展すべき思想運動たるべきを念じていたのであろう。これは彼空海にとっては見果てぬ夢に終わった。日本には『金剛頂経』以後の密教は伝わらなかったのであるが、故国インドにおいては、密教はこの相矛盾する両要素の緊張関係の上にさらにいわば弁証法的な発展をつづけ、『秘密集会タントラ』(Guhyasamaja-tantra)、『ヘーヴァジラ・タントラ』(Hevajra-tantra)、そして、サンヴァラ系密教の諸文献などの特徴ある諸体系を生みだすのである。

住心品

では、なぜ「住心品」が大乗的なのか、というと、ここで我々は本題に戻ることになる。「住心品」の説く人間の構造は、純然たる大乗的生き方を我々に要求する。それは即身成仏とは全く逆の生き方なのである。現在でも、歴《れつき》とした真言宗の僧職の方で、しかも「大日経・住心品」が即身成仏を説くと信じている人が多いが、それは誤解である。「住心品」はあくまで大乗仏教の福智二資糧を積集することを絶対の条件とする、いわゆる三劫成仏《さんごうじょうぶつ》の考えをとるのである。一例をあげるならば、『大日経』はその宗教理想の境地である「初地菩提心」（初地の菩薩の心）すなわち、我々が自らの心を浄《きよ》め浄めて浄めつくし、付加的な煩悩の要素を完全に払拭《ふっしょく》し了《おわ》って、心が本来の清浄性をとり戻した状態、いわゆる「極無自性心」に関して、次のごとくいうのである。

「秘密主よ、復次《また》に、秘密真言門より菩薩行を行ずる菩薩にして、百千万億無量劫に福徳と智慧の無量の資糧を積集した者達に無量の般若《はんにゃ》と方便によって摂受されたる、天と阿修羅と倶《とも》なる世間によって敬礼されたる、一切の声聞と独覚の地より完全に超越したる、帝釈天《たいしゃくてん》と梵天主と毘紐《びちゅう》等によって敬礼されたる、すなわち、空性を自性とするものにして実体なく、特相なく特徴なく、一切の戯論より超越し、虚空の如くに無量であり、有為と無為の界を離れたる、業と所作なく、眼と耳と鼻と舌と身と意を離れたる極無自性心が生ずるが、秘密主よ、これこそは最初の菩提心である、と諸の勝者は説き給えり」

ここでいう「菩提心」とは「さとりを求める心」ではなく、「菩提としての心」、心がさとりそのものになった状態のことであるが、そこに至るまでは、「百千万億無量劫《こう》」という、想像を絶した長い時間の間に、福徳、すなわち、他人に対する慈悲の心からする抜苦与楽の直接的働きかけと、智慧、すなわち、自己の心の現状の認識と、空観によるその超克の反復という二種の資糧（saṁbhāra 素材）を積み重ねなければならないのである。それを蓄積してはじめて、「現等覚」（あきらかにして完全なるさとり）を契機にそれを質的に転換して「神変」を現じ、それすなわち一切衆生の各々に対応した具体的な救済策としての「方便」を一切衆生の上に「加持」（重ね置くこと、適用すること）して、一切衆生の救済という「成仏」の本懐、すなわち、前出の「三句」の法門における「究竟」を達成することができるわけである。我々の人生とは、我々が人間として生きることとは、この資糧の積集の生の極小の一コマを生きることに他ならない。ただしこれは大乗仏教に共通の立場であり、『大日経』の独自性は、それを「百六十心」（『続仏教語源散策』、「菩提心」、「商人心」及び「如実知自心」の各項参照）という特徴ある理論によって明快に表現し得たことにある。

「住心品」は具さには「入真言門住心品」という。これに対し、チベット訳『大日経』の初品は「心差別品」（sems kyi khyad par rim par phye ba 種々なる心の章）であり、「ブッダグヒヤ本」の形態を反映する『未再治本広釈』においては「心相続品」（sems kyi rgyud rim par phye ba 相続としての、現在の我々に現起している個々の心の働きとしての心）である。「住心品」というときの「住心」とは、弘法大師の「十住心の教判」という圧倒的な解釈に従って、我々の心が仏に向かって向上する過程の各段階とされて、それが疑われたことはなかったのであるが、これは、心をいわば「縦の心」として捉《とら》える考えである。しかし「住心」の意味するところは実はそれほど自明ではなかったのである。何よりも「住心」という語は漢訳の「住心品」の中には現れない。では「住心」とは、「住心品」の中のどのことを指すのか、といえば、それは「百六十心」のことなのである。それを知るのは簡単である。チベット訳『本経』に『未再治本広釈』を重ね合わせ、前者における「心差別」と後者における「心相続」が重なる箇所がそれである。そして、それが「百六十心」なのである。この箇所は、漢訳では単に「心」としかでていない。だから、「住心品」とは「こころの章」なのである。

百六十心

本経は百六十心のうち、「貪欲《とんよく》の心（貪心）より「受生心」に至る六十心を列挙するのみで、あとの百心ばかりを省略しているのであるが、六十心のうちには、大分面白いものが含まれている。そこには「貪欲の心」や「瞋恚《しんに》の心」、「愚癡《ぐち》の心」などという煩悩心もあれば、「無貪心《むとんしん》」、「慈心」、「智慧心」などの善心もある。すでに『続仏教語源散策』で論じた「商人心」のように善悪無記の心もある。そうかと思うと「神々の心」とか「阿修羅の心」とか、「龍の心」、「人間の心」もあれば「婦女の心」もある。さらには「犬の心」、「猫の心」、「ねずみの心」もあるし、「河の心」「井戸の心」、「池の心」とか、「家の心」とか、「木板の心」など無生物の心もある。『大日経』をつくった人が百六十という数を決定した根拠は、残念ながら解らない。彼は多分、至極教養のある学者タイプの人であったようで、冷静に、机上論的に百六十心を各々平等の資格をもつ monadic（単子的）とでもいうべき心作用の形式として列挙するのであるが、やはり「貪心」を最初にもってきた事実を無視するわけにはいかないだろう。貪欲の心とは、性欲、物欲、名誉欲などの、人間の自然発生的欲求を包括するものであるが、ことに愛欲の心であり、普通我々がよい意味を含めて使う「愛」とか「愛情」もこの中に含まれる。清い愛であろうが、醜い愛欲だろうが、皆貪欲である。また、「慈心」などというと、いかにも愛情的であるが、仏教では、慈は「与楽」と定義され、むしろ友情のようなものである。また、慈悲というときの「悲」とは「抜苦」であり、相手の苦しみを共に苦しむ心のようなものである。『源氏物語』

の「須磨《すま》」だか「明石《あかし》」だかに、光源氏《ひかるげんじ》が自己の多情を、「多少慈悲の心が深すぎた」と表現しているところがあったが、どうも自己弁護的であるように思われる。

さて、「貪欲の心」であるが、経において、それは次のごとくに定義されている。

「貪欲の心とは何であるか、というなら、それは貪著《とんじやく》を有するものが法に普《あまね》く依止することである。」

心というものを、観念的に、静的にとらえるのではなく、行為的に、実践的にとらえるのがこの「百六十心説」の特徴である。ブッダグヒヤは、いみじくも、

「世間百六十心等は毘盧遮那の資料因（ñe bar len paḥi rgyu upādāna-kāraṇa）である。」

と言明する（『広釈』）。真実際の世界を構成すべき素材は、我々が主体的に「法に依止する」すなわち、対象（人間にせよものにせよ）に働きかけることによってはじめて現起する我々の心の作用である。それは、深山の禅室にこもり、あるいは超俗的大寺院に住して、心を外界の対象から切り離して、ひたすら自己の内面に沈潜させようと努める出家者的な心の理解の仕方ではない。あくまで現世にあって多面的な対人活動を通じて自己の心を実践的に向上させようとする菩薩のものである。だから、経の冒頭に世尊毘盧遮那は、

「菩薩の身ある者（在家者、俗人の姿をとっている者）であるにもかかわらず、しかも（仏の坐すべき）師子座に坐したまう。」

と表現されるのである。

「貪心」に戻るなら、前述の「三句」で「菩提心を因となす」という時の菩提心は、他人とののっぴきならぬ関係において現在の自分の内面に生起している愛欲の心を、初発心より現等覚に至る永遠の尺度の上に客観的に確認し、それを空観によって克服して向上せしめんとする、智慧の心、向上心のことであるが、それをもう一段階上に向上させるためには、「悲を根とし」という時の慈悲の心にもとづいて、同一のにせよあるいは別のにせよ、対象に対して次なる行動、働きかけを行わねばならぬのである。したがって、「貪心」とは、そして百六十心のすべては智慧（般若）の心と慈悲にもとづく利他の行為（これも方便である）とが不二に結合したものに他ならない。そして、我々すべての人間のこの心が、普遍的実在者たる毘盧遮那の存在を構成しているのである。

「実在者」という言葉を私は使ってしまったが、この宗教的な真実の世界としての毘盧遮那は、「住心品」が大乗仏教の原則に従うかぎり当然のことではあるが、固定的実体なのではなく、空であり、諸条件の集合の上に仮に成立しているもの（縁生）に他ならない。そして、その全的な真実の世界の存立の条件こそが個人の主体性に関わる概念としての「三句」であったのである。我々が「三阿《さんあ》僧祇《そうぎ》劫《こう》」の間、あるいは「百千万億無量劫」の間、この自己を形成する百六十通りの心作用の各々を冷静に省察し、それを他人に対する慈悲の働きかけを通して超克するプロセスをほとんど無限に近い反復において継続すること、それが我々の人生の意味である筈である。

この真実の世界は曼荼羅として表象される。毘盧遮那は曼荼羅の全体（法身《ほっしん》）であり、それは同時に曼荼羅の中心（報身《ほうじん》）なのである。我々が自らの現下の生を、曼荼羅すなわち宇宙の中心に凝然として輝く毘盧遮那を目指して「如実知自心」の永遠の歩みを歩むその一歩なのであると信解《しんげ》し、その生を自ら生きようと決意したとき、その第一歩において我々は現にその理想世界の中にいるのであり、かつ、我々は我々自身のその実存の歩みの一歩一歩によってその理想世界の存在を、その一歩一歩ごとのその世界の生成において、支えているのである……。「住心品」のこの思想は前述の『華厳経』の世界構想を承《う》けたものである。永遠の道程を建気に歩み続ける善財童子の姿はこの「住心品」の思想に結晶したのである。

最後の大乗仏教

話が理屈っぽくなってしまったので、はじめのメロドラマ的な話題に戻して、この項を終わろう。『それから』の代助《だいすけ》は「来客に接した後しばらくは独坐《どくざ》に耽《ふけ》る」癖がある男とされている。彼は自らの心を模索しつつ、障子をたて切った室《へや》に薄暗くなるまで拱手《こうしゅ》して端坐《たんざ》し続けるような男であったが、自己の心を明瞭《めいりょう》に自覚した時、決然と行動に踏み切った。大日経的にいえば、ここで心は一段階動いたわけである。『明暗』の津田《つだ》は自己の心を直視することを無意識的に回避しつつ世を渡ってきたが、その打算的な津田の心は、行きがかりの上とはいえ、湯河原《ゆがわら》らしい温泉場に昔の恋人清子《きよこ》（清子は漱石の「原体験」にとって『坊っちゃん』の清《きよ》よりも本源的である。お婆さんである清はその「原体験」の中核にある「若い女」の韜晦《とうかい》的表象、いうなれば〈韜語〉であるからである）を訪ねるという行動に出たことにより、津田の意識を超えて急速に変わってくる。『明暗』は未完だから、清子という対象に働きかけたことによって、いかなる心が津田に起こるか不明であるが、昔、ある評論家が津田のその後を想像して、津田は結局救われずに、胃病を再発させて死ぬであろう、と論じているのを読んで不思議に思ったことがある。津田が清子に旅館の中で偶然出会った時の清子の驚いた様子を漱石が「彼は忘れる事の出来ない印象の一つとして、それを後々迄自分の心に伝へた」と描写している以上、漱石にはそこで津田を殺す意図はなかったはずであると理解していたからであろう。いやむしろ、『明暗』のその後において死ぬべきは清子の方であったであろう。漱石の「原体験」における「若い女」はすでに死んでいる存在でなければならないからである。清子は『坊っちゃん』の清《きよ》がそれで死んだように、また『琴のそら音』の若い妻がそれで死んだように、多分、肺炎を発《おこ》してその旅館で死ぬ。計らずもその死を看取ることになった津田は、そこでそれまで彼が無意識のうちにそれを心の奥に押しやって来た彼の「本来の自分」を直視せざるを得なくなる。しかし、彼にはそれを生きることは最早許されない。しかし、彼は自殺もせずにその「中有《ちゆうう》」的な生を現に生きている。丁度「嵐が丘」のキャシーが死んだ後にもヒースクリフがそれを生きたように……。では、漱石は津田のその現実の生をどのように描くであろうか。また津田がその死に臨んだとき、彼の心はどの様に変化しているであろうか……。私などが『明暗』のその後の漱石を想像するなど、まさに烏滸の沙汰なのでもうやめるが、とにかく『大日経』は、その一段階を経過するごとに漱石先生の名作が一つずつ出来上がるほどの自己認識をほとんど無限に反覆することを、我々に要求しているわけである。

このように述べてくると、読者は『大日経』が我々に提示する理想を、過大なものと感じるかもしれない。人間がこの理想に耐え得るほど強くあり得るであろうか、との疑問は当然予想される。それは事実で、歴史的にみて、『大日経』以後の、インドにおける密教の歴史はこの『大日経』の、ひいては大乗仏教の高遠な理想が仏教をとりまく時代精神の衰えとともに急速に崩壊してゆく悲劇の歴史なのである。その萌芽《ほうが》はすでに「大日経・住心品」の十縁生句において見出すことができる。そして、次にくる純粋密教としての『金剛頂経』は「大日経」の理論体系を真向から否定することによって、初めて成立するのである。この意味において、『大日経』は最後の大乗仏教であったのである。

（津田真一）

金剛頂経——即身成仏の論理

即身成仏とヨーガ

私は先年本書の姉妹篇である『続仏教語源散策』に「即身成仏」の項を執筆したのであるが、過日、私の執筆態度とその内容に関して、ある真言宗の僧職にある方（仮にA師としておこう）に『六大新報』という新聞紙上で手厳しく批難されたものである。

反省してみれば、A師の腹立ちは至極もっともである、という気がしないでもない。私の専門分野がインド密教であり、かつ、同時に私自身が真言宗の一寺院の住職として仏飯《はん》を食んできた関係上、ことに近年、西洋の学者が東洋の文物を研究する場合のように客観的な冷静な態度で密教に接することができ難くなっていたのである。つまり、仏教学を、自分の生き方とは無関係な、単なる知識の対象として扱うことに我慢がならなくなり、そこに何かしら好悪の感情を持ち込んでしまう傾向が出てきたのである。要するに選択をしてしまうわけである。この点からいうなら、私は即身成仏を自分の理想とは考えないし、また、それが現代社会に通用する理想とも考えていない。私のこのような考えが、自《おの》ずと私の執筆した「即身成仏」の項に反映し、それが即身成仏を日本真言宗の理想と信じて疑わない純真なA師の感情を刺戟《しげき》してしまったらしい。

私は、いかにもA師が批難されたごとく、「インド旅行中」に見たヨーガ行者「の印象を即身成仏と結びつけ」た。それがA師の言われるごとく「自らに酔っているような考え方」で、このような「考え方こそ即身成仏の精神にあたいしないであろう」かどうかはしばらく措《お》くが、A師の指摘する点は即身成仏の思想を説く『金剛頂経《こんごうちょうぎょう》』の内容を考える上で、はなはだ便利な足掛かりを提供してくれているので、以下にそれに簡単にふれてみようと思うのである。

金剛頂経の資料

『金剛頂経』、より正確には『初会金剛頂経』は『大日経《だいにちきょう》』とともに「両部大経」として古来尊重され、長い研究の歴史を有するのであるが、近年高野山大学の堀内寛仁教授がイタリアの大学者トゥッチ所蔵の梵文写本の校訂出版を完了されたので、その研究は全く新しい局面を迎えることになった。梵文テキストが得られたことによって一千年に亘《わた》る長い間に蓄積された厖大《ぼうだい》な見当違いの議論は一気に覆り、我々の誰でもがこの経典を素直に読んで正しく理解することができるようになったのである。堀内教授の業績の意義はまことにはかり知れないほど大きいのである。

堀内教授はこの経の題名を次のごとくに推定しておられる。すなわち、

Sarva-tahtāgata-tattva-saṃgrahaṃ nāma mahā-yāna-sūtraṃ sôpasaṃhāra-tantraṃ

(一切如来真実摂と名づくる大乗経・付略摂タントラ)

である。この「タントラ」という部分は、その後の、経 (sūtra) に相当するような首尾一貫した文献としてのタントラではなく、一種の性的な内容を想像させる秘密の教義の一々を指すものであるが、とにかく形式的には、この付録部分としての「タントラ」より、インドにおける純粋密教、つまり大乗仏教のアンチテーゼとしてのタントラ仏教が始まることになるのである。

漢訳には不空三蔵 (Amoghavajra 七〇五―七七四年) の『金剛頂一切如来真実摂大乗現証大教王経』三巻 (『大正大蔵経』―以下『大正蔵』―第十八巻、八六五番) すなわち

唐訳の三巻本と、施護《せご》が宋代に訳した『仏説一切如来真実摂大乗現証三昧《さんまい》大教王経』三十巻（『大正蔵』第十八巻、八八二番）がある。後者は現存のサンスクリット原典とチベット訳に対応するもので、金剛界品、降三世《ごうざんぜ》品、遍調伏品及び一切義成就品のいわゆる四大品と付録としての教理分よりなる。チベット訳はシュラッダーカラヴァルマンと、チベットの有名な翻訳者リンチェンサンボ（九五八―一〇五五年）の共訳になるもので、『北京版西蔵大蔵経』でいえば、一一二番、その第四巻に収められている。また金剛智《こんごうち》三蔵《さんぞう》（Vajrabodhi 七四一年没）の訳になる『金剛頂瑜伽《ゆが》中略出念誦《ねんじゅ》経』（『大正蔵』第十八巻、八六六番）いわゆる『四巻略出経』は『金剛頂経』の内容を実修に便利なように排列し直した一種の儀軌のような文献であるが、私の友人の高橋《たかはし》尚夫《ひさお》氏の研究の結果、八世紀末の人と考えられるアーナンダガルヴァの作になる Vajradhātu-mahāmaṇḍalopāyikā-sarvavajrodaya nāma（金剛界大曼荼羅儀軌一切金剛出現）（北京版第七十四巻、三三三九番）とよく一致することが確認されている。註釈としては、前述のブッダグヒヤの Tantrārthāvatāra（担特羅義入）（北京版第七十巻、三三二四番）、それに対するパドマヴァジュラの復註 Tantrārthāvatāra-vyākhyāna（北京版第七十巻、三三二五番）、シャーキャミトラの Kosalālaṁkāra（コーサラ国の荘厳《しょうごん》）（北京版第七十及び七十一巻、三三二六番）、前述アーナンダガルヴァの Tattvālokakārī

(真実作明)(北京版第七十一、七十二巻、三三三三番)、そして、チベットの有名な大学者プトン(一二九〇—一三六四年)の rNal hbyor rgyud kyi rgya mtshor hjug pahi gru gzins(瑜伽タントラの大海に入る船筏)(プトン全書 Da 帙《ちつ》)等がある。日本における註釈としては、弘法大師より四十年ほど遅れて入唐《にっとう》した天台宗の慈覚大師《じかくだいし》円仁(七九四—八六四年)の『金剛頂経疏』七巻(『大正蔵』六十一巻、二二二三番)が古来尊重されてきた。

大日経と金剛頂経との二律背反的性格

A師の疑問は、まず、私が「即身成仏をヨーガの立場から説くが、そのような考えは空海の教えにそうものであるか」ということであり、そして、私が即身成仏を「知識や学問としてしかとらえていない」が、私がいやしくも真言宗において「得度し、加行をすまし、灌頂《かんじょう》を受けて教師(正規の資格をもった僧侶《そうりょ》)となり、住職として信仰を説」くものである以上、信仰の立場から体得した即身成仏を説くべきである、というのがその主張である。

第一の点に関して、私はもちろん依然として即身成仏はヨーガの立場から説かるべきものであると確信している。そして、弘法大師もそのように認識していたであろうが、しかし、弘法大師は即身成仏を我々真言宗徒の宗教理想であるとは「教え」なかった筈であると考える。

私の密教の認識の根幹は、『大日経』と『金剛頂経』の両者は二律背反的であり、その綜合はあり得ないということにある。私は常にこれら両者を、クリティカル、すなわちナイフの刃のように鋭い山の稜線《りょうせん》をはさむ両側の斜面の、それぞれ最上端を形成するものとして考えている。すでに述べた通り、『大日経』はその本質的な部分において、資糧の積集《しゃくじゅう》（具体的な行為の量的な蓄積を成仏の必要条件とする）という行為（karman 業）の論理にもとづく大乗仏教なのであって、密教として未完成なのであり、ヨーガ、すなわち宇宙的な究極的実在と、個的存在としての自分自身との即事的合一の論理、即身成仏を唱導する『金剛頂経』は、密教としては完成したが、それはもはや大乗仏教ではなくなったのである。インド密教思想の流れを大観するとき、それはその流れをそのときどきに担う各々の体系や各々の人間が、これら二律背反的な両要素の綜合という見果てぬ夢を追って、その両者が交わる一寸とて身を置く平地のない、ナイフの刃のような稜線の上を左右に逸脱を繰り返しながら困難な歩みを進めた過程に他ならないのである。日本密教は、この歩みのほとんど出発点において、インド密教という根っこから切り離されたようなものであるが、その故に、大乗仏教としての密教という概念が包含する内部矛盾が気づかれないままに純粋培養されてきたとも考えられるのである。私は密教のこのような性格をクリティカルな、すなわち、断崖に臨んだ、危機的な、そして批判的に扱わるべき性格と呼ぶのである。そして、日本密教の歴史において、密教のかかる性格を認識した人は、少なくとも現在私の貧しい知識の及ぶ範囲においてではあるが、唯《ただ》一人、弘法大師ではなかったかと考えるのである。弘法大師も、もちろん日本密教というものを『大日経』と『金剛頂経』の綜合の上に設定さるべき理想として意識してきたはずである。彼は都の真中に位置する東寺《とうじ》、すなわち教王護国寺《きょうおうごこくじ》に本拠をかまえて、上は天皇から下は庶民に至るあらゆる階層の人々との関係の上に多忙な日々を送った。しかし、同時に人里離れた孤独な禅観の生活へのあこがれを断ち難く、当時としては人跡途絶えた深山の地である高野山に金剛峯寺《こんごうぶじ》を建立し、以後は、『大日経』的実践生活の場である東寺と、『金剛頂経』的、ヨーガ者的修習の場たる高野山の間を往復しつつその生涯を終えることになるのであるが、これはインド密教が例の鋭い稜線の上を左右に逸脱を繰り返しながら展開していったその過程と同じパターンであると見えないこともないのである。しかし、とにかく原理的に二律背反的な『大日経』と『金剛頂経』との綜合は、いかに超人的な弘法大師といえども、その生涯のうちにおいて実現することができず、ついにその死という、いわばタイムリミットに迫られて、決然たる選択に踏み切ったのが、彼の生涯の最後の著作である『吽字義《うんじぎ》』のその最後の部分である「合釈」の例のことば、すなわち「旦く大日経及び金剛頂経に明すところ、皆此菩提〔心〕を因と為し、大悲を根と為し、方便を究竟と為すの三句《さんぐ》に過ぎず」ということなのである。「三句」はあくまで『大日経』の思想であって、『金剛頂経』の思想ではない。だから、真言宗徒の理想は即身成仏にあるのではなく、それとは対蹠《たいせき》的な『大日経』の「三句」にあるのである。

A師は即身成仏に関して私自らの「体験が語られるべきである」とされるが、それはちと無理な注文というべきである。私のように即身成仏をしたこともないし、またする気にもならない者にはその体験を語ることはできないし、一たび即身成仏してしまったら、その人の個的存在はこの宇宙の構成要素たる「六大」すなわち地水火風空識の中に解消して、その個体はこの地上から消えてなくなってしまうから、やはり即身成仏の体験を他に向かって語ることはできないからである。もっとも、この点に関しては涅槃《ねはん》に入った後にも個体は存在する（有余依）か否か（無余依）という問題もないわけではない。

それで思い出すのであるが、私が大学の四年生であった昭和三十六年頃、故岸本英夫教授の「宗教神秘主義」というヨーガの講義にでていたのであるが、ある日、誰かが、「ヨーガの修行が完成したらそのヨーガ行者はどうなるのですか」と至極もっともな質問をしたのである。岸本教授は例のごとく首を傾け、ちょっと考え込む風であったが、はっきりと「消えてなくなっちゃうでしょうナ」とお答えになったことを記憶している。

これからおいおい即身成仏の説明に入るわけであるが、私はインド旅行中に偶々《たまたま》ヨーガ行者を目撃して強い印象をうけ、それを「即身成仏」に結びつけてA師から攻撃されたわけであるが、私はインドにおける宗教行動のパターンは、このヨーガ行者のような「坐っている人」(瞑想者《めいそう》)と、その反対の、『華厳経《けごんぎょう》』の善財童子《ぜんざいどうじ》のように「歩み続ける人」(巡礼者)とのそれに分類できると考える。『大日経』はもちろん譬《ひ》喩的《ゆてき》にではあるが、巡礼者の宗教の典型であり、他方『金剛頂経』は瞑想者の宗教の典型である。この両パターンは二律背反的な緊張関係のうちにその後のインド密教思想の流れを発展させていくのであるが、それら対蹠的性格は『大日経』及び『金剛頂経』の曼荼羅の形態の上にも反映している。

曼荼羅の構造

『大日経』の曼荼羅《まんだら》は中央部分が明るく、周辺に行くに従って暗くなる多重の同心円によって表現される。この円の半径をなすのが、『大日経』の項で説明した、我々人間の生の全過程、すなわち初発心《しょほっしん》より現等覚《げんとうがく》に至る三阿《さんあ》僧祇《そうぎ》劫《こう》の資糧積集の過程、あるいは、如実に自心を知るための懸命の知的実践的努力の過程である。これこそが「人生」であり、『大日経』自体はそれを「業寿」と表現する。行為（業）とその結果としての生存の連鎖のことである。我々はこの永遠の道程を曼荼羅の中心に輝く毘盧《びる》遮那《しゃな》に向かって歩み続けるべき責務を負っているのである。我々が歩み続けるかぎりにおいて、我々は毘盧遮那の生を生き、また、我々の主体的決意において毘盧遮那の存続を荷《にな》っているのである。そして我々がその歩みを止めるなら、その瞬間に毘盧遮那は消滅する。これが反即身成仏型の曼荼羅である。

『金剛頂経』の曼荼羅は、これとは対照的に、周囲の闇黒ときわだった対照をみせる純白の円形として表象され、内部において明るさの変化を含まない。我々人間はこの円の外にあって、自らにとって外的なるこの曼荼羅全体と即事的に合一（ヨーガ）するのである。これが即身成仏であり、この純白のみの円形が即身成仏型曼荼羅である。

ところが、実は『金剛頂経』の曼荼羅は『大日経』の曼荼羅の中心部の、つまり、初地《しょぢ》菩提心以上の部分（それを経は「大金剛法界宮」として描いたものであろう）が独立したものと考えることができるのである。『大日経』の世界を立体的に考えるなら、それは円錐《えんすい》台で表現することができる。初地菩提心以上が台上の平面である。人間がこの円錐台の斜面を登りつつある段階、すなわち過程的段階が経にいう「百千万億無量劫に福徳と智慧《ちえ》の無量の資糧を積集」しつつある状態で難行の領域であるが、一度初地に達すれば、その後は何の苦労もなく、もし仏地に至りたいと思えばすぐにも到達することができる。台上の平面すなわち「大金剛法界宮」はすでに理想の境地なのである。そしてこの台上の平面だけが斜面の部分から切り離されて空中に浮かんだものが『金剛頂経』の曼荼羅である。そこにおいて、本質的に過程的な存在である我々人間は曼荼羅の外に放り出される。しかし、何も心配することはない。すでに過程とか、難行とか努力とかいうことは捨象されたのであるから、我々は瞑想に入って念じさえすれば、一種の空とぶ円盤のごときものである金剛界曼荼羅は忽然と我々の頭上に姿をあらわし、そこからするすると五相成身の五段梯子が降りて来るから、それにつかまって昇れば、我々は何の苦もなく、究極的実在という空とぶ円盤の中に自己を解消することができるのである。これは冗談でも何でもない。これこそが即身成仏の構想なのである。

金剛頂経の世界

『金剛頂経』の世界に関しては、すでに姉妹篇『続仏教語源散策』で簡単にふれたのであるが、今はそれがことごとに大日経世界を意識し、それに真向から対立することによって自己を形成してゆく過程に的をしぼって、もう一度それをふり返ってみよう。

第一場、毘盧遮那は無数のつまり九十九倶胝《くてい》の菩薩と、ガンジス河の砂の数ほどの如来にとり囲まれて、色究竟天王《しきくぎょうてんのう》の宮殿に坐している。色究竟天（Akaniṣṭhadeva）とは、物質的世界の最も勝妙な領域であるとともに、禅定の境地でもある。その毘盧遮那を曼荼羅の中心とするなら、曼荼羅全体、すなわち法身毘盧遮那は、それら「一切の如来達」の集合体として、一つの実体的な場（matrix）を形成している。ただし、それは、この第一場において

「世尊大毘盧遮那、虚空界全体に常時住し給える身語心金剛は、……一切の如来達の心蔵に住し給えり。」

という表現から予想されるように、いわば、我々人間にとって未開顕・未展開であ

る。

第二場において、この未開顕なる実体は、歴史上の釈尊の成道《じょうどう》を契機に、この我々人間の住む地上たる贍部州《せんぶしゅう》、尼連禅河のほとり、伽耶村の菩《ぼ》提樹下《だいじゅげ》に移動する。その時点で曼荼羅の中心たる報身毘盧遮那は歴史上の仏陀たる釈尊として、我々に開顕するわけである。毘盧遮那即釈尊の図式は『華厳経』の場合と同じである。

時に一切義成就菩《いっさいぎじょうじゅぼ》薩《さつ》（Sarvārthasiddhi）すなわち、歴史上の釈尊となられるべき悉《しっ》達多《だった》（Siddhārtha）は、三阿僧祇劫に亘る福智二資糧の積集という『大日経』的、大乗仏教的過程を歩み尽くし、さとりを成就せんとして菩提道場（bodhimaṇḍa さとりの座）に上り、身語心の一切の活動を停止し、呼吸さえ止めた「無《む》動三昧《どうざんまい》」（āsphānaka-samādhi）に入っている。一切の如来たちは菩薩に対して各自の端厳の報身を現じ、次のごとくに菩薩を驚覚する。

「善男子よ、一切如来の真実を知らざる状態を以ってありとあらゆる難行に耐えているところの汝《なんじ》は、云何《いか》にして無上正等覚を現等覚するや」

この文章のキーワードは「ありとあらゆる難行」（sarvaduḥkarāṇi）である。私はこの語を「無動三昧」を指すのではなく、一切義成就菩薩がこれまでに蓄積してきた二資糧という行為量の総体を指すものと考える。この文章は直訳だからちょっと妙な日

本語になってしまったが、それは要するに、

「いくら三阿僧祇劫に難行を積んだとて、宇宙の真理を知らないなら、さとりを開くことはできませんよ」

ということなのであり、逆のいい方をすれば、

「宇宙の真理さえ知れば、難行苦行を積まなくても、それだけでさとりを開くことができますよ」

といっているのである。ここに『大日経』の、ひいては大乗仏教のアンチテーゼとしての即身成仏の教え、すなわち、密教が自覚的に宣明されたのである。

難行と易行

「難行」という語がいかに重大な意義を有するかは、大乗仏教経典のエッセンスだけを集めたもので、弥勒（Maitreya）が偈文《げもん》をつくり、それに世親（Vasubandhu 五世紀）が註《ちゅう》を付したものとされる『大乗荘厳《しょうごん》経論』（Mahāyānasūtrālaṁkāra）、そのまた中心をなす「菩提品」が次のごとき偈《げ》ではじまることからも想像できるのである。

「無量幾百千の難行によって、無量の善の積集によって、無量時に無量の障碍《しょうげ》を断

除したことよりして（一）、一切の障碍が無くなった（状態を本質とする）一切種智《いっさいしゅち》の獲得が（実現するので）あり、宝篋《ほうきょう》が開かれたる如くに仏性が宣明せられたのである（二）。」

さて、一切如来たちの驚覚のことばによって一切義成就菩薩はハッとして我に返り、一切の如来たちに敬礼して問う、

「尊き如来たちよ、教示し給え。我は云何にすれば、云何なる真実に到達することができるのであろうか」

すなわち、菩薩の究極の真理に到る方法と、その真理そのものを問うたのである。そこで、一切如来たちは、彼にいわゆる「五相成身観《ごそうじょうじんがん》」（pañcākārābhisaṁbodhi-krama 五段階よりなるさとりを得る方法）を教示し、菩薩はその通りに修してその場でさとりを開く。そして、全宇宙的真理の命題は、この五段階の最後において提示されるのである。まず、第一の通達菩提心のところを示そう。

「到達せよ、善男子よ、自己の心を審《つまび》らかに観察する三昧によって、（すなわち、その三昧の代りとなることのできる）自性成就の（すなわち、その効果的なることが、その本性上保証されている）真言を欲する（回数）だけ誦することによって。

Oṁ cittaprativedhaṁ karomi（オーム、我は心に通達す）。」

そこで菩薩は一切の如来達に次の如くに申し上げた、

「我は、教示せられたり、尊き如来方よ、我は（我）自身の心蔵に月輪のすがたをしたものを見る。」

私は、大乗仏教のアンチテーゼである密教の論理の本質的部分がここに尽くされているものと理解する。この文章の原文の最初の部分は次のごとくである。

pratipadyasva kulaputra svacittapratyavekṣaṇasamādhānena prakṛtisiddhena rucijaptena mantreṇa.

まず我々が注意すべきは svacittapratyavekṣaṇa（自己の心を各々に観察する）という語である。この語は直ちに『大日経』において自己の心を形成する monadic な百六十心を各々に観察する、という「如実知自心」の過程を我々に想像せしめる。そして、次にその「自己の心を各々に観察する三昧、すなわち、現実の心的努力」(samādhānena) と「真言によって」(mantreṇa) とが同格の関係にあることに我々は注目せねばならない。『大日経』において「如実知自心」とは、他者とののっぴきならぬ関係の上に現起した百六十心の各々を審らかに観察し、それを次なる行動によって次なる心を主体的に現起されて克服するという作業を三阿僧祇劫の間、ほとんど無限に反復する難行の過程のことであった。それは般若の智慧と他人に対する慈悲の方便との綜合によって現出する monadic な、素材的な菩提心の蓄積の過程であった。それが、ここにおいて、Oṁ cittaprativedhaṁ karomi（オーム、我は心に通達す）という一片の真言を好きな回数だけ誦する、という易行によって、とって代わられたのである。

『大日経』、ひいては大乗仏教の広大な世界を構成するものとしての、我々個人の菩提心は般若の智慧と慈悲の方便とが融合したものである。空性を観ずる智慧としての般若はともかく、他者に対する慈悲にもとづく直接的働きかけである方便が、何か別なもの、例えばこの場合の真言でとり替わられ得たとき、密教は成立したのである。

次に、この真言の prativedha という語も問題にしなければならない。これは、prati（……に対して、……に向かって）という接頭語に vyadh（貫き通す）という語根が加わったものである。すなわち、我々の心をその源底にまで貫き通すことに他ならない。『大日経』の曼荼羅においては、「心の源底」とは、その中心点を意味する。インド思想一般の考えとして、我々の心を内面に沈潜させ、ついにその基層に到ったとき、その個としての心はそのまま、全的、普遍的な実在と同一となる。一例を挙げれば、唯識でいうアーラヤ識（ālaya-vijñāna）は、個々人の心の基層であると同時に、普遍的な実在なのである。『大日経』において、曼荼羅全体と曼荼羅の中心とが、同じ

「毘盧遮那」という言葉で表現される事実は、このことの反映である。『大日経』の曼荼羅は「如実知自心《にょじっちじしん》」の過程、あるいは三阿僧祇劫にわたる二資糧積集の過程を半径とした円である。そして、この円の周辺から中心に到る三阿僧祇劫の難行が、今、ここで「オーム、我は心に通達す」という真言にとって代わられたのである。これが密教なのである。

一切義成就菩薩は、教えられた通りにこの真言を誦して、その通りに自己の心の源底、すなわち曼荼羅の中心に到達する。そして、この実在界の変化は、彼の心中に「月輪のすがたをしたもの」という具体的なイメージにおいて映し出される。これを逆に見れば、人は口に真言をとなえ、心の中に何か具体的なイメージ（三昧耶形《さんまやぎょう》）を観想して、実際的な行動ではなく、瞑想の過程においてそのイメージを変化させるなら、その操作によって彼はそれに対応する実在界を変化させることができるのである。これが密教なのである。これが大乗仏教のアンチテーゼとしての密教の発想である。

即身成仏の図式

かくて、五相成身は、段階的な真理の認識ないしその方法、それの代替となる真言、そしてその結果としての心中のイメージの変化という三要素を具《そな》えつつ進行する。そして、最後の「仏身円満」の段階において、「一切如来の真実」は次のごとき真言として開示されるのである。

Oṁ sarvatathāgatās tathāham.（オーム、一切諸如来があるが如くに我はあり）

「一切如来の真実」を示され、それを「知」った一切義成就菩薩は、その場で成道《じょうどう》し、「金剛界如来《こんごうかいにょらい》」となる。そこで場面は移る。

「一切の如来たち」（sarvatathāgatāḥ）は彼を「一切如来の一切業者性に安立せしめて」（sarvatathāgataviśvakarmatāyāṁ pratiṣṭhāpya）すなわち、一切如来を代表する者としての世界建造者の地位に就かしめて、彼をとり囲んで第三場たる須弥山頂の金剛摩尼宝頂楼閣（Vajramaṇiratnaśikharakūṭāgāra）に移る。そして、自らをやはり「一切如来」としての東方阿閦《あしゅく》（Akṣobhya）、南方宝生《ほうしょう》（Ratnasaṁbhava）、西方世自在王《せじざいおう》（Lokeśvararāja すなわち無量光）、及び北方不空成就《ふくうじょうじゅ》（Amoghasiddhi）の四如来に限定し、ここで金剛界五仏が出現する。この究極的実在としての、一切の如来達の集合体としての金剛界は、ちょうど透明な溶液に一滴の試薬を加えると、それが白くゲル状に凝集して沈澱《ちんでん》するように、釈尊の成道を契機として自己限定のプロセスを進行させて、ついに金剛界三十七尊曼荼羅として自己を開顕し了る。すなわち、法身大毘盧遮那は釈尊の成道という歴史上の事実を契機として、自己を我々人間の住む地上より遥《はる》か上方の須弥山頂に、金剛界大曼荼羅として示現したのである。そして、この金剛界大曼荼羅の示現によって、はじめて我々一般の人間のための即身成仏の方法論が提示されることになるのである。

すでに「一切諸如来の真実」、すなわち究極的真理の命題は、五相成身の第五の真言として提示された。それは、

「オーム、一切諸如来があるが如くに、その如くに我はあり」

というものであった。そして、この命題は、

「もし、個人存在と究極的実在とが相似であるなら、その両者は同一である」

あるいは、

「もしも個人存在が自らの構造を究極的実在のそれと相似的になるように再構成し得るなら、前者は自らを後者に合一させることができる」

というふうに解釈されることになった。

すなわち、金剛界三十七尊曼荼羅が須弥山頂金剛摩尼宝頂楼閣に姿を現すと、経は次にそれら三十七尊の四種のシンボル（四印《しいん》）を説く。四印とは大印（mahā-mudrā）すなわち各尊を絵や鋳像などで表示したもの、三昧耶印《さんまやいん》（samaya-mudrā）すなわち各

尊をそれぞれに対応する金剛杵《こんごうしょ》とか輪《りん》などの具体的標幟《ひょうじ》をあらわす手ぶりで表示するもの、法印（dharma-mudrā）、同じく真言や文字で表示したもの、及び羯摩印《かつまいん》（karma-mudrā）、同じく、行為・動作で表示したもの、である。これら四印は、これらが象徴する三十七尊すなわち金剛界の当体と、この四印を結ぶ個人存在との中間に置かれ、両者を媒介する。

すでに究極的実在は金剛界三十七尊曼荼羅として我々に顕現している。もし人が印を結び、五相成身観の五つの真言を唱え、三昧耶形を心に念ずるなら、その人はただちに現等覚して曼荼羅の中心に入る。次に、心に順次三十七尊の形像を観じ、印を結び、真言を唱えるなら、彼はその一身をもって、金剛界如来の成道と曼荼羅の展開という宇宙的ドラマを象徴化し得たことになる。彼は彼自身を究極的実在と相似の縮小模型にと再構成し得たのであり、その時点で彼は究極的実在と同一となる。これが『金剛頂経』における即身成仏・ヨーガの図式である。

即身成仏は我々の理想であり得るか

最後に、なぜこの即身成仏が、現代の日本に生きる我々の宗教理想とはなり得ないと私が考えるのか、その理由について、一言しよう。

『金剛頂経』において、我々人間の構造は白紙に還元される。人間は、真言を唱える口と、印を結ぶ手と、三昧耶形を観ずる心さえあればそれで充分なのである。彼には、他者の存在もなく、従って他者に対する慈悲の心も、またそれにもとづく働きかけもない。他者が存在しない以上、倫理も道徳も不必要である。彼の関心事は、ただ一つ、自らを究極的実在と相似的なシンボルの体系に再構成することのみである。彼にとっては、「曼荼羅に入ること」がすべてである。どんな極悪人でも曼荼羅に入りさえすれば成仏し得る。どんな有徳の人でも、またどんなに資糧を積集しようが、曼荼羅に入らなければ成仏しない。当然の論理的帰結として、『金剛頂経』において、「曼荼羅に入る弟子の根器」は問われない。

最後に、もう一度A師に御登場願おう。彼は「練行を積み、伝法大会《でんぼうだいえ》にパスして即身成仏の僧となっていくことになっているのである」といい、また「また三学といって戒定慧《かいじょうえ》により即身成仏をなしていくことになっている」という。伝法大会とは、『大乗起信論』の註釈たる『釈摩訶衍論』と、「大日経住心品」という反即身成仏主義の代表ともいうべきものに関する論議である以上、それに参加して、たとえ能化《のうけ》さんから合格の判定を頂いたところで即身成仏などするはずもないから、第一の点は論外として、『金剛頂経』自身において戒定慧の三学に関してA師に対する答えとして適切なことばが説かれているので御紹介しておこう。すなわち、この経自身が弟子の根器に関して、大罪を犯すものでも、財物や飲食に貪着し、三昧耶《さんまや》（正しい生活規定）を嫌い、あるいは歌舞音曲に耽《ふけ》り、あるいは外道の曼荼羅に入るものですら、「金剛界大曼荼羅に入ることが適合する」ことを述べ、続いて次のごとくにいうのである。

「そしてさらに、尊き如来方よ、一類の有徳の衆生ありて、一切如来の戒定慧という最上の悉地《しつじ》の諸方便を以って仏の菩提を求めて、（四）禅と（八）解脱等の諸地を以って努力しつつあるのであるが、（それらの人々はその菩提を得られずに徒《いたず》らに）苦労するのである。（しかし）それらの人々にとって、まさにその場に於《おい》て、金剛界大曼荼羅にただ入りさえすれば、一切如来性すら得難きものではない。況《いわん》や他の悉地においてをや」（堀内本二一三）

即身成仏は戒定慧のごとき宗教的倫理的努力とは無関係である。A師は即身成仏を「現代の課題」として論ずることを私に求める。私は、現代社会に生きる自分、という視点において即身成仏を真言宗の理想とは考えないのである。他者の存在に無関心であり、社会性も倫理性もなく、他人に対する慈悲も、それにもとづく働きかけもなく、唯一人絶対者に向かい合うヨーガ的精神性そのものである即身成仏は、今日はもちろんのこと、弘法大師の時代においてすら、日本真言宗の理想であった筈がないのである。私は即身成仏を口にするいわゆる密教学者や密教家の神経と頭脳を疑わざるを得ないのである。

（津田真一）

理趣経——愛欲は清浄か

愛欲肯定の思想

多少楽屋話的になって恐縮であるが、本書の企画会議の席で、私は『理趣経《りしゆきよう》』の項の執筆を引き受けることに大いにためらいを感じたものである。それにはいくつかの理由がある。その第一は、『理趣経』は、簡単にいって、私には難しすぎて何が何だか解らないことである。また、私は真言宗の僧籍にあるものであるから、常用経典である『理趣経』は神聖なもので、それを客観的に研究したり、解説したりすることが何かしらはばかり多いことに思われるのである。事実、私はこれまでに『理趣経』を研究したことも、また研究しようと思ったこともない。

もっとも、私もはじめのうちは、ポクポク木魚を叩《たた》きながら「……欲箭清浄句是菩《よくせんせーせーくーしーほー》薩位《さーあい》……、欲箭？ サンスクリット語なら kāma-bāṇa かな？ 愛神《カーマ》の矢……キューピッドの矢……、チベット語でいえば hdod mdaḥ ？　すると何か別の具体的なものを指すのではないかな？……」などと考えて、その途端にお経をトチッたりしたものである。しかし、十年近くもの間、数えきれないほど読誦しているうちに、自然とそのような雑念が入ってこなくなったのは、有難いことだと考えている。近頃は、経に、「金剛手《きんこうしゅ》 若有聞此清浄《じゃくゆーぶんしーせいせい》 出生句般若理趣乃至菩提道場《しゅっせいくはんじゃーりーしゅたーいしほーていとーちょう》、一切蓋障及煩悩障法《いっせーがいしょうきゅうはんだつしょうはっ》障業障《しょうげつしょう》、設広積集《せっこーせきしゅう》、必不堕於地獄等趣《ひっぷーたーよーぢーごくとーしゅ》、設作《せっさく》 重罪《ちょーさい》 消滅不難《しょーべつぶーだん》、若《じゃく》 能受持日日読《のーしゅーちじつじーとく》誦《しょー》 作意思惟《さーくいしーいー》、即於現生証《そくよーけんせいしょー》 一切法平等金剛三摩地《いっせいほーへいとうきんこうさんまーぢー》、於一切法皆得自在受《よーいっせいほーかいとくしーさいしゅー》 於無量適《よーぶーりょうてき》悦歓喜《えーかんぎー》、以十 六大菩薩生獲得如 来及 執 金剛位《いーしゅうりくたいほーさーせいかきとくじょーらいきゅうしゅーきんこーおい》」（金剛手よ、もし人あって、一切法の自性の清浄性の門を成就せしむる此の般若波羅蜜《はんにゃはらみつ》の理趣《みち》を一たび聞くならば、（初発心よりはじめて）及至《いまし》菩提道場に至るまで、設《たと》え彼が一切の障と蓋、即ち大いなる煩悩障と法障と業障を積集しても、地獄などの悪趣に生まれることは決してないであろうし、たとえ罪悪を造っても、たちまち苦もなくそれを浄《きよ》めることができるであろう。誰にせよそれを保持し、日毎に読誦し、念誦し、如理に作意するなら、彼は即刻に一切法平等性金剛三摩地を獲得して一切法に自在となるのである。彼は一切法に関して歓喜と悦《よろこ》びとの最上の歓喜を味わうであろう。大菩薩の十六の寿命を以って如来或《あるい》は持金剛（の位）を獲得するであろう）（チベット訳による）」

と書いてあるのに従って、もっぱら亡くなった人の滅罪と追善のために、大きな声で早めに読誦するわけである。そして、ついでに経の末尾の「廻向《えこう》」の文にあるごとく、その功徳を遺族に廻向し、皆が菩提心ある立派な人間になり、幸せに生活を送れるように祈念するのである。

すでにルビをふっておいたから、お解りと思うが、我々はこの経を読誦する際には、それを聞いている在家の人々にその意味が解らないように用心して、わざと呉音ではなく、漢音で読むのが古来のしきたりになっている。それはこの経が、一般の人がうっかり生半可に理解すると危険な誤解を生じる可能性を含んでいるからである。ことに近頃のように、いかがわしい「密教ブーム」とやらで、この経が「愛欲肯定の書」とか「セックスを説く経典」とかいって商品化されるようになると、昔の人の危惧《きく》が現実のものとなり兼ねないのである。

さきごろ、この経の現代語訳を、私と同じ宗派の僧籍にあり、かつオペラ歌手としても名の通った高橋大海《たかはしたいかい》氏が朗読するカセットテープが発売された。これはある有名画家の描いた阿字観《あじかん》のための美しい阿字の絵を付録につけ、高野山での荘重な法要の音声を収録したまじめな企画なのであるが、その現代語訳を見た瞬間、私がやはり一種の戸惑いを感じざるを得なかったことは事実である。

では、『理趣経』は本当に「愛欲肯定の書なのか」と尋ねられたら、それを日常読誦している私としては疑問を表明せざるを得ない。しかし、私自身それを否定し切れないことも事実なのである。

現代密教学の権威であられる金岡秀友教授は、その好著『さとりの秘密理趣経』（筑摩書房、「現代人の仏教」第九巻、昭和四十年）の「はしがき」において、この経典を「金剛大乗《こんごうだいじょう》という別名の示すように、大乗仏教の中で金剛のごときもの、最終・究極的なものを自認する」「密教の経典の一つの時期を代表するものである」として、『理趣経』を密教経典として位置づけた上で、それを、「従来にない率直な表現をもって人間存在、ことにその存在形式の一つである男女間の愛欲を肯定した」（傍点筆者）経典であるとしておられる。

しかし、冷静にして客観的な研究者である金岡教授は、同時に、繰り返しこの経典が「けっして安易な人間愛欲の実践道ではなかった」（同書一三二頁）ことを強調しておられる。私自身『理趣経』に関して腰の据わった意見をもっていないために、他からの引用が多くなってしまい、気がひけるのであるが、金岡教授の御意見をもう少し詳しく紹介させて頂こう。同じページにおいて、「あるがままの世界」の見出しのもとに教授は次のごとくに言っておられる。

『理趣経』は、現象を安易に肯定し、人間を欲望のままに放任する教えでもなく、また特定の行為と特定の効果とを結びつけて非理性的な行動を奨励する経典でもないことがわかった。『理趣経』は、苦悩へのインスタントな特効薬でもなく、『所願《しょがん》成就《じょうじゅ》』のごま札でもない。ましてや、男女の性愛の道をそのまま成仏に結びつけて説くような誨淫の書でも断じてない。」

私は金岡教授のこの考えそれ自体を短兵急に肯定したり、または否定したりするつもりはない。はじめにことわっておくが、以下に私が述べることは、決してふざけていうのでもなく、ことさらに権威者に楯《たて》をつくのでもない。それは私自身の密教観が多少金岡教授のそれと違うため、純粋に理屈だけを押し進めるなら、自ずと別の言い方もできる、という例を、余裕をもって議論の展開をエンジョイすることのできる、充分な理解力と正当な好奇心ある諸者諸賢の前に申し陳《の》べて、その御批判を仰ぎたいからに他ならない。

自己矛盾の体系

すでに『大日経』、『金剛頂経』の項をお読みになって、お解りのことであろうが、私は密教を「大乗仏教の中で最終・究極的なもの」とは考えない。大乗仏教と密教とは二律背反的《クリティカル》なもの、水と油のように最後まで融合することがないものと認識するのが私の、インド密教思想を文献学的に、歴史的に研究する一学徒としての基本的立場である。私は日本における密教観としての、つまり「大乗仏教としての密教」を自己矛盾の体系とみている。それがよいとか、悪いとかいうのではない。それは永遠に実現し得ない夢なのである。インドにおいても、タントラ仏教の歴史は、この原理的に二律背反的な大乗仏教と密教との二つの論理の綜合を目指しての試行錯誤的努力の過程に他ならないのである。

私は密教それ自体を、何かしら、いかがわしい、「非理性的な」ものであると観じている。好きか嫌いか、と問われれば、むしろ「嫌い」である。しかし、私が理性的には嫌いな密教のいかがわしさの奥に、表面的な理性だけでは窺《うかが》い知ることのできない、数千年のインド的精神性の血肉の部分に根拠をもつ、何かしら奥深い、すごい秘密が、つまり、金岡教授がいみじくも言われた「さとりの秘密」が、ひょっといい、潜んでいるのかもしれないと、私自身も思うのである。インド仏教も末期になると、ナーランダー寺などに住んで唯識や中観の研究に従事する学究的な僧が、反面実践の上では密教家である、という事態が普通になる。彼らの心の奥底に潜む、まだ私には解らない何者かが、彼らに、その一身の上に大乗仏教と密教という二律背反的両要素を併存ないし綜合せんとして努力することを迫るのである。密教は、大乗仏教の二資糧積集の論理と純密教的ヨーガの論理という二律背反的両要素の併存という危機を内包し、原理的に不可能なそれらの綜合へと自らを駆らねばならなかった。これを私はすでに述べたごとく、密教のクリティカルな、すなわち、断崖に臨んだ、危機を内包した、そして批判的に取り扱われるべき性格と称したのである。

このような私の認識からするなら、前述のごとき金岡教授の『理趣経』観は、理性的に過ぎ、大乗仏教的に過ぎるように思われる。もし『理趣経』が密教であるなら、金岡教授は道徳性にこだわりすぎてはいないであろうか。『金剛頂経』の項で述べた通り、密教の論理、即身成仏の論理は、道徳や倫理とは何の関係もないのである。逆にいえば、『理趣経』がもし密教経典なら、理屈の上からは、金岡教授の言われることとは逆に、「安易な人間愛欲の実践道」であっても一向にかまわないはずである。それはまさに「特定の行為と特定の効果とを結びつけて非理性的な行動を奨励する経典」でなければならない。それこそが密教である。もしそれが「愛欲を肯定する」ところの「密教経典」であるなら、「男女の性愛の道をそのまま成仏に結びつけて説く」ものでなければならない。しかし、事実はどうであろうか。

『理趣経』は密教経典である。それは男女の愛欲を肯定する、ただしそこに求められるものは、「現象的、相対的、日常的な楽」（前掲書四三頁）ではなく、釈尊が体得したと同じ「大いなる楽」でなければならない、とするなら、それは、金岡教授の清浄な意図を大きく離れ、極端ないい方を許していただけるなら、羊頭を掲げて狗肉《くにく》を売ることになるのである。

くり返し弁解しておくが、以上は、私が自分だけの視点から理屈を理屈のままに追究すれば、そうなるという例を示したに過ぎない。『理趣経』を密教経典だとさえしなければ、実は、何も起こらないのである。

本有と修生

『理趣経』の愛欲に関する部分は、いわゆる「十七清浄句《しょうじょうく》」に関係してくる。すなわち、「妙適清浄句是菩薩位《びょうてきせいせいくーしーほーさーあい》、欲箭清浄句是菩薩位《よくせんせいせいくーしーほーさーあい》」以下の十七句である。金岡教授の愛《まな》弟子であり、篤実な『理趣経』研究者として、私が最も尊敬し、信頼する若手学者の一人である福田亮成氏は、その論文「理趣経の文献学的研究そのII」（『智山教化研究』第三号）において、次のごとくに言っておられる。

《「十七清浄句」は、その文字の上からは、一つの恋愛の過程を考察したものだということができる。「妙適（surata）」とは、その直接的な意味は、まさしく男女合歓の境地を表現したことばである。『理趣釈』にも「世間の那羅那哩娯楽の如し」と言っており、『アーナンダ註』でも、「男・女根の交会によって生ずる満足の殊勝なるものは、妙適なり」と言っている。そして以下に続く「清浄句」は、その分析なのである。これらは、愛欲煩悩をあえて喩えとして積極的に清浄なる境地に引入せしめようとする、『理趣経』の強い立場を、端的に示したところである》（傍点筆者）

この福田氏の『理趣経』理解は、金岡教授のそれとは百八十度異なっていると見なし得る。金岡教授は、「本具的に人間は善・悪の上に立ち清浄なはずである」（前掲書九〇頁）、『理趣経』は、仏教の性に対するこの善悪いずれにも偏しない、無記の（インディファレントな）立場を一歩進めて、性とは本質上清浄なものである。人間も、一切のものもその本来は清浄なものなのであるから、という立場にまで及んだものとみることができよう」（傍点筆者）と言われ、さらに、

「愛欲も人間も、与えられたままに、本然のままに清浄と見、肯定したのである。その与えられたまま、本然のままが実在の世界であるが、それが幾多の我執によっ

てひき離され、現象の世界に沈淪することとなる。男女の愛欲も、それが正しい関係にあるときは、実際的にも清浄なものであろう。しかし、理趣経がみとめたのは、このところまでである。不倫なる男女関係を、みとめ、あるいはすすめた表現は一ヶ所もない。あるのはただ、ほかのすべての実践とおなじく、我執を去り、清浄に、男女の道もみとめたにすぎない。」（同書、一三三頁、傍点筆者）

と言われる。

福田氏の「十七清浄句」の解釈は、愛欲は「その本質において清浄」であるが、我々の現実の相においては、偶然的付加的汚れによって汚されているから、それを清めて、本来の清浄の境地に帰入せねばならない、という、いわば「修生」の立場である。金岡教授の解釈は、教授自らのことばで、「本具」「本然のまま」「与えられたまま」と言われるごとく「本有」的である。本有と修生とは対極的（antonymous）である。そして、「十七清浄句」の「清浄」とか、その理由としての「一切法自性清浄故」（福田氏の訳によるなら、「この世のすべての存在はその本質において清浄であるからである」）とかが、この両方に解釈できるところに、『理趣経』理解の難しさがあるのである。ただし、ここに引用した金岡教授の言明には、故意によるものとは思われないが、概念のすり換えや、自己矛盾や、そして、日本的常識でははかり得ないインド密教本来の考えとは大分異なった理解が複雑に交錯しているので、もし紙幅が残っていれば、後に検討しようと思う。

愛欲の解釈

ところで、私が、ここで常々不思議に思うことがある。たしかに「妙適」(surata、モニエルの辞書によるなら great joy or delight; amorous or sexual desire or intercourse) 以下は、男女間の愛欲、性行為に関するものである。ところが、これらの句は、すでに、『理趣経』のもとの本である玄奘訳『大般若経』六百巻中に含まれる『般若理趣分』の「六十九清浄句」の中に見出されるのである。それなのに『理趣経』を解説する人々は、そんなことは百も承知していながら、密教経典である『理趣経』のみが、愛欲を肯定する何か特別のものすごい秘密の教えである、というような説き方をするのである。私は寡聞のせいか、玄奘訳『般若理趣分』を愛欲肯定の書として論じた例を知らない。

例えば、不空訳の「妙適清浄句是菩薩位」は玄奘訳『般若理趣分』では「極妙楽清浄句義是菩薩句義」であり、また梵文の rati (the pleasure of love, sexual passion or union）に対応する「適悦清浄句是菩薩位」は玄奘訳の「意極猗適清浄句義是菩薩句義」に対応するがごとくである。なお、このような、多く存在する類本相互の対応関係は、すでに、昭和五年に出版された栂尾祥雲《とがのおしょううん》博士の大著『理趣経の研究』で、玄奘訳『般若理趣分』より宋代施護の訳になる『仏説遍照般若波羅蜜経』（『大正蔵』第八巻、二四二番）に至る類本八本が対照されているので、便利である。

私は福田氏の「十七清浄句」の解釈は好きである。ふり返ってみればそれは『大日経』の項ですでに論じたことであるが、我々の心を形成する百六十心の第一が「貪欲《とんよく》心」であったのであり、その貪欲（rāga）とは、意味は広いが、やはり愛欲であったのである。施護訳『遍照般若経』では、「三毒」（『続仏教語源散策』「愚癡」の項参照）の貪瞋癡《とんじんち》の先頭を切って「貪清浄是菩薩故」となっているのである。また、北京版でみたかぎりの『聖般若波羅蜜多理趣百五十頌《じゅ》』（北京版第五巻、一二一番）では、それは貪瞋癡慢嫉《まんしつ》の「五煩悩」（『続仏教語源散策』）のはじめに出てくるのである。我々の「貪欲の心」は、本質的には清浄である。それは果位毘盧遮那仏の完全に清浄な百六十の心の一つでもあるのである。ところが、現在時点での、現実の我々の「貪欲の心」はその本来の清浄さを障碍《しょうげ》している付加的な要素に覆われている。だから、我々は現在の自己の「貪欲の心」を冷静に観察し、それを他人に対する慈悲の心にもとづく実践を通じて、一段一段清めていかねばならないのである。そして、それが「本来の清浄なる」（金岡教授前掲書一二九頁）「貪欲心」に戻るのには「百千万億無量劫に福徳と智慧の無量の資糧を積集」する必要があったのである。福田氏の解釈は、この意味で、私にはよく理解できる。しかし、である。しかし、それでは、密教でも何でもない、まさに大乗仏教そのものである。福田氏自身は『理趣経』が密教であることにこだわっておられないであろうが、これではやはり何かしらの不満が残るのは否定し得ない。金岡教授がいみじくも言われるごとく、それでは「われわれがここにあらためて『理趣経』の意義を尋ねる必然性は失われる。われわれは、ただ釈尊の跡を追えば事は足りることとなろう」（前掲書四四頁）ということにもなるのである。

とはいっても、金岡教授が「十七清浄句」を「昔から人の欲、ことに性欲の本質肯定の句として知られている」とし、第一句の「妙適清浄句是菩薩位」を「男女交媾の恍惚境も清浄なるぼさつの境地である」と言い直し、「このような破題のおき方は、開祖以来仏教の長い歴史で考えもおよばなかった表現であろう。しかもそれが、決して単なる逆説でない真実の発言であるだけに、今日同様、当時の思想界の驚きは想像にあまりある」と言われる（同書、五一頁）のは、事実としてどうであろうか。

十七清浄句

このような議論をこれ以上続けても『理趣経』の「清浄」の意味はこれ以上明確にできないし、読者の皆さんもいらいらされるだろうから、議論をもう少し別の方向に向けてみよう。ただその前にせっかくであるから、「十七清浄句」を列挙し、栂尾博士の前掲書に収められている梵文テキストにその原語のあるものはそれを、ないものは同じくチベット語訳の相当語を、もしそれが間違っていれば直して、（ ）で示し、金岡教授の訳語を対照させておこう。

(1)妙適（surata, rab tu dgaḥ ba）、「男女交媾の恍惚境」

(2)欲箭（ḥdod chags kyi mdaḥ　愛神《カーマ》の矢 kāma-bāṇa のことか？　あるいは、矢に譬《たと》うべき愛欲の心？　私はどこかで ḥdod mdaḥ に「男根」という漢語が対応させられているのをみたことがあるが、今は思いだせない）「男女交媾の欲望がおきるや、それは矢が飛ぶように速やかで確実である」

(3)触（reg pa）「男女の接触」

(4)愛縛（sdug paḥi ḥchiṅ ba）「男女相擁して、互いに相手を離し難く思う」

(5)一切自在主（thams cad la dbaṅ phyug）「男女相擁して満足し、世の一切《すべて》に自由であるような心境になる」

(6)見（dṛṣṭi, lta ba）「欲心をもって異性を見、美感を生ずる」

(7)適悦（rati, dgaḥ ba）「男女交媾して味わわれる快美感」

(8)愛（tṛṣṇā, sred pa　渇愛）「相擁して離れがたく思う男女の愛」

(9)慢（sñems pa 傲慢《ごうまん》、高傲）「男女相擁して満足し、世の一切《すべて》の主となったような心境になれば、この満足感（慢）もまた清浄なるぼさつの境地である」

(10)荘厳（bhūṣaṇa, rgyan かざり）「（春の花による自然界の）荘厳《かざり》」

(11)意滋沢（yid tshim par byed pa, こころのよろこび、満足）「（夏の盛んな自然界のごとく）すべて意《おもい》にまかせ滋沢《ゆたか》になること」

(12)光明（āloka, snaṅ ba 輝き）「（秋の明月に照らされたごとく、自然界が）光明《ひかり》かがやくこと」

(13)身楽（kāyasukha, lus bde ba 身体の安楽）「（万物が静寂にかえり、自然界が）身楽《たのしさ》の中におさまること」

(14)色（gzugs 眼に見える色とかたち）「（この世を構成する）色《もの》」

(15)声（śabda, sgra 声）「（この世の）声《ものおと》」

(16)香（gandha, dri 香）「（この世のものの）香《かおり》」

⑰味（rasa, ro 味）「（この世のものの）味」

「十七清浄句」の梵文の構造は、いずれも同じであり、第一の妙適清浄句の例をとれば、それは次のごとくである。

suratavisuddhipadam etad yad uta bodhisattvapadaṁ.（妙適の清浄の境地こそが菩薩の境地に他ならない）

私がこれまで、繰り返し述べてきた福田氏と金岡教授の「清浄」観は、実はこのviśuddhi ということばの意味しうる両極端のそれぞれ一方をとったものなのである。

さて、はじめにもことわった通り、私は『理趣経』の清浄句に関しては無知である。ただし、viśuddhi という詞に関しては、私の専門分野である『理趣経』より後のタントラ仏教におけるコンテクストにおいて、その意味をおぼろげながら想像することはできる。

viśuddhi は、例えばナーガールジュナ（龍猛）の『五次第』(Pañcakrama) のうち、その章だけがシャーキヤミトラ（釈迦友、八世紀後半の人）の造になる「一切清浄極清浄次第」第二 (Sarvaśuddhiviśuddhikrama) や、その後に、この『五次第』や『広理趣経』たる『吉祥最勝本初』(Śrīparamādya 北京版大蔵経第五巻、一一九番) の思想を超克し、インド密教思想に新しい展望を開いた有名な『ヘーヴァジラ・タントラ』の第一部第九章たる「清浄品」(Viśuddhipaṭala) に集中して説かれるのである。

菩薩の境地

まず、「一切清浄極清浄次第」であるが、シャーキヤミトラは『ラリタヴィスタラ』(Lalitavistara) すなわち『普曜経』(『大正蔵』第三巻、一八六番) あるいは『方広大荘厳経』(同第三巻、一八七番) における釈迦《しゃか》牟《む》尼《に》の成道の様子を述べて、その境地を、

「貪欲に非《あら》ず、離欲に非ず、中道に於ても不可得なり。空に非ず、不空に非ず、中道に於ても不可得なり」(第七一偈)

と表現し、次いで、『一切仏和合タントラ』(Sarvabuddhasamāyoga すなわち、Sarvabuddhasamāyogaḍākinīmāyāsaṁvara-tantra 北京版第一巻、八番) 及び『秘密集会タントラ』(Śrisamāja すなわち、有名な Guhyasamāja-tantra) にもその同じ境地が説かれる、としてから、次のごとくにいう。

rāgādīnāṁ viśuddhir yā paramādye pradarśitā sarvaśūnyaṁ samudhiśya sāpi proktā tathāgataiḥ.(『吉祥最勝本初』に於て説示されたる貪欲等の清浄であるところのもの、それ

もまた一切空を示すものとして諸如来によって説示されたのである）

ここでいう「一切空」とは、『五次第』に説かれる特徴ある教義であり、真実の認識の深まりを空（śūnyatā）、極空（atiśūnyatā）及び大空（mahāśūnyatā）の三段階に分けて考え、それら三者の清浄を、第四の、果位たる「一切空」（sarvaśūnya）とするのである。これはインドに特有の一種の重複分類であり、段階的なる前三者（因位《いんに》）が完成したとき、その最初に戻って、それら三者を無差別なる総体と見た境地である。

この四空は、真実の認識の段階的表現である〈輝き〉（āloka）、〈輝きの顕現〉（ālokābhāsa）及び〈輝きの獲得〉（ālokopalabdhi）、そして、それら三者の完成によって実現する〈光明〉（prabhāsvara）に対応する。この prabhāsvara は、我々をして直ちに cittaṁ prakṛtiprabhāsvaraṁ（自性清浄心）を想起せしめる。我々の心は本性澄浄（prakṛtiprabhāsvara）であるが、現状は客塵煩悩《かくじんぼんのう》によって汚されている。『大日経』ひいては大乗仏教一般において、我々は自己の心を清めてこの自性清浄心を回復するのに三阿僧祇劫にわたる難行を必要とするが、この『五次第』はすでに密教であるから、この過程はその代用行為によって、速疾に完成する。

この〈輝き〉、〈輝きの顕現〉及び〈輝きの獲得〉の三体組織に対しては、例えば、空と極空と大空、般若と方便とそれらの和合、依他起性と遍計所執性と円成実性、夜と昼とそれらの中間（sandhyā）等々の、両極端とその中道との三体組織が対応され、それらをいろいろに活動させて、結果たる〈光明〉の境地が達成される。

「空と極空と第三の大空と、そして第四の一切空とが果と因の差別よりしてある（四）。

般若と方便との和合よりして〈（輝きの）獲得〉が円満される。そして、〈獲得〉が円満されたとき、一切空（即ち）〈光明〉（の位が実現される）（五）」

これを、我々がこれまで問題にしてきた愛欲の問題、男女間の性行為に応用するなら、次のごとくになる。

「あらゆる幻化のうちで婦女という幻化こそは殊勝である。三智慧のこの差別はまさにここにおいて顕《あき》らかにあらわれる（三六）。

貪欲と離欲と、そして両者の中間に於いて（あるもの）というのが三である。二根の等至によって、（即ち）金剛（男性器）と蓮華《れんげ》（女性器）と（そしてそれら両者）の結合よりして（それらの三者はあり）（三七）。

二智の和合が等至なりと称せらる。二智の等至によって、即ち、（いま）説いた如き（性的な）行為によって（三八）、努力の結果として得られる（第三の）智慧、それこそは〈輝きの獲得〉である。誰にせよその人にとって金剛と蓮華の和合があるところの人、その人は世俗（諦《たい》）によって知られるに非ず（四〇）。（それを）経験したものは瑜伽の力によってただちに悉地を得る」

かかる真実の世界の認識を「貪欲の清浄」であるとするなら、「十七清浄句」の意味するところは、愛欲を単なる喩えとしたものでも、また愛欲の一方的な浄化でもなく、また、金岡教授がいわれるごとく「愛欲も人間も、与えられたままに、本然のままに清浄と見、肯定した」のでもないであろう。龍猛は『五次第』の第五、「双入次第」において次のごとくにいう。

「貪欲と無貪欲とを離れ、最勝歓喜の姿を有するもの、（その）双入を修得するものは輪廻《りんね》の存するかぎり（その輪廻中に）住するであろう（一八）。」

愛欲は肯定されるであろう。しかし、それは、「与えられたまま」でいきなり肯定されるのではない。愛欲はまず否定され、その否定も否定された後に初めて真実の世界を構成する「仮」的な存在性を回復する。そして、この否定と、否定の否定による肯定との両者を無差別なるものとして、不一不二なるものとして総体的に捉える第三の見方が完成した時、それら三者が無礙《むげ》に円融した第四の真実の世界が成立するのではないであろうか。この境地を龍猛は「輪廻の存する限り（その輪廻中に住する）」、すなわち、無住処涅槃の境地と考えたのではないだろうか。そして、その同じ境地が、

「十七清浄句」の各々が各自の視点から描こうとしている「菩薩の境地」なのではないだろうか。

百字の偈・清浄の世界に生きる

私ども真言の僧侶は、『理趣経』でも、ことに「百字の偈」という部分を便利視する。大法要でいろいろな讃《さん》に時間がかかってしまうとき、冒頭の「勧請《かんじょう》の句」から、いきなりこの「百字の偈」に飛ぶことがある。この「百字の偈」こそ「十七清浄句」を生きる菩薩のすがたであるはずである。梵文もあるが、日頃よみ慣れている漢訳を掲げよう。

菩《ほー》薩《さー》勝《しょー》慧《けい》者《しゃ》　菩薩にして勝《すぐ》れた慧ある者は、
乃《たい》至《しー》尽《しん》生《せい》死《しー》　乃《すなわ》ち生死を尽すに至るまで、
恒《こう》作《さく》衆《しゅー》生《せい》利《りー》　恒《つね》に衆生の利を作《な》して
而《しー》不《ふー》趣《しゅー》涅《でっ》槃《ぱん》　而《しか》も涅槃に趣かず。
般《はん》若《じゃ》及《きゅう》方《ほう》便《べん》　般若と及び方便と
智《ちー》度《とー》悉《しっ》加《かー》持《ちー》　智度をもって悉《ことごと》く加持して

所《しょー》法《ほう》及《きゅう》諸《しょー》有《ゆー》　諸法及び諸有の
一《いっ》切《さい》皆《かい》清《せい》浄《せい》　一切を皆清浄ならしむ。
欲《よく》等《とー》調《ちょー》世《せー》間《かん》　欲等をもって世間を調して、
令《れい》得《とく》浄《せい》除《じょー》故《こー》　浄除するを得しむるが故に、
有《ゆう》頂《てい》及《きゅう》悪《あく》趣《しゅ》　有頂より悪趣に及んで
調《ちょう》伏《ふく》尽《しん》諸《しょー》有《ゆー》　調伏して諸有を尽す。
如《じょー》蓮《れん》体《てい》本《ほん》染《ぜん》　蓮華の体は本染にして、
不《ふー》為《いー》垢《こー》所《そー》染《せん》　垢《く》の為に染せられざるが如く、
諸《しょー》欲《よく》性《せい》亦《えき》然《ぜん》　諸欲の性も亦《ま》た然《さ》なり。
不《ふー》染《せん》利《りー》群《きん》生《せい》　不染にして群生を利す。
大《たい》欲《よく》得《とく》清《せい》浄《せい》　大欲は清浄なることを得て
大《たい》安《あん》楽《らく》富《ふー》饒《じょう》　大安楽と富饒《ふによう》とあり、
三《さん》界《かい》得《とく》自《しー》在《さい》　三界に自在を得て
能《のー》作《さー》堅《けん》固《こー》利《りー》　能《よ》く堅固の利を作す。

愛欲は清浄か否か？　この「百字の偈」を至心に誦せばかかる戯論はたちまちに終《や》む。

『ヘーヴァジラ・タントラ』における清浄をも検討したいのであるが、もはや紙幅は尽きた。その検討は別の機会にゆずり、今はただ一つ、その中の次のごとき偈を掲げよう。

「六根は、五蘊《ごうん》は、六処は、五大種は（それらの）本質に於いては清浄である。（しかし、それらは現実においては）無知と煩悩（の二障）によって覆われているから、（我々はそれらを）清浄ならしめるのである。（I. ix. 2）」

（津田真一）

中村《なかむら》　元《はじめ》　一九一二年生まれ。東京帝国大学文学部卒業。東京大学名誉教授、東方学院学院長、比較思想学会名誉会長、学士院会員などを歴任。仏教思想・インド哲学の第一人者。紫綬褒章、文化勲章、勲一等瑞宝章受章。九九年没。

田上太秀《たがみたいしゅう》　一九三五年生まれ。駒澤大学仏教学部卒業。東京大学大学院人文科学研究科修士課程修了（印度哲学）。文学博士。仏教学専攻。駒澤大学教授、駒澤大学禅研究所所長などを経て、現在、同大学名誉教授。

津田真一《つだしんいち》　一九三八年生まれ。東京大学文学部卒業。同大学大学院人文科学研究科修士課程修了（印度哲学）。Ｐh．Ｄ．（キャンベラ）。文学博士。インド密教専攻。国際仏教学大学院大学教授などを経て、現在、真言宗豊山派真福寺住職。

松本照敬《まつもとしょうけい》　一九四二年生まれ。早稲田大学卒業。東京大学大学院人文科学研究科修士課程修了（印度哲学）。文学博士。インド思想史専攻。大東文化大学教授などを経て、現在、成田山仏教研究所首席研究所員。

上村勝彦《かみむらかつひこ》　一九四四年生まれ。東京大学文学部卒業。同大学大学院人文科学研究科修士課程修了（印度哲学）。サンスクリット文学専攻。東京大学教授などをつとめた。二〇〇三年没。

本書は、一九九八年に東京書籍より刊行された
『仏教経典散策』第二版を文庫化したものです。

仏教経典散策《ぶつきようきようてんさんさく》

中村《なかむら》 元《はじめ》=編著

平成30年 2月25日 初版発行

発行者●郡司 聡

発行●株式会社KADOKAWA
〒102-8177 東京都千代田区富士見2-13-3
電話 0570-002-301（ナビダイヤル）

角川文庫 20812

印刷所●株式会社暁印刷 製本所●株式会社ビルディング・ブックセンター

表紙画●和田三造

ISBN978-4-04-400323-4 C0115

角川文庫発刊に際して

角川源義

第二次世界大戦の敗北は、軍事力の敗北であった以上に、私たちの若い文化力の敗退であった。私たちの文化が戦争に対して如何に無力であり、単なるあだ花に過ぎなかったかを、私たちは身を以て体験し痛感した。西洋近代文化の摂取にとって、明治以後八十年の歳月は決して短かすぎたとは言えない。にもかかわらず、近代文化の伝統を確立し、自由な批判と柔軟な良識に富む文化層として自らを形成することに私たちは失敗して来た。そしてこれは、各層への文化の普及滲透を任務とする出版人の責任でもあった。

一九四五年以来、私たちは再び振出しに戻り、第一歩から踏み出すことを余儀なくされた。これは大きな不幸ではあるが、反面、これまでの混沌・未熟・歪曲の中にあった我が国の文化に秩序と確たる基礎を齎らすためには絶好の機会でもある。角川書店は、このような祖国の文化的危機にあたり、微力をも顧みず再建の礎石たるべき抱負と決意とをもって出発したが、ここに創立以来の念願を果すべく角川文庫を発刊する。これまで刊行されたあらゆる全集叢書文庫類の長所と短所とを検討し、古今東西の不朽の典籍を、良心的編集のもとに、廉価に、そして書架にふさわしい美本として、多くのひとびとに提供しようとする。しかし私たちは徒らに百科全書的な知識のジレッタントを作ることを目的とせず、あくまで祖国の文化に秩序と再建への道を示し、この文庫を角川書店の栄ある事業として、今後永久に継続発展せしめ、学芸と教養との殿堂として大成せんことを期したい。多くの読書子の愛情ある忠言と支持とによって、この希望と抱負とを完遂せしめられんことを願う。

一九四九年五月三日

角川ソフィア文庫ベストセラー

仏教の思想 1
知恵と慈悲〈ブッダ〉
増谷文雄
梅原猛

インドに生まれ、中国を経て日本に渡ってきた仏教。多様な思想を蔵する仏教の核心を、源流ブッダに立ち返って解明。知恵と慈悲の思想が持つ現代的意義を、ギリシア哲学とキリスト教思想との対比を通じて探る。

仏教の思想 2
存在の分析〈アビダルマ〉
櫻部建
上山春平

ブッダ出現以来、千年の間にインドで展開された仏教思想。読解の鍵となる思想体系「アビダルマ」とは？ ヴァスバンドゥ（世親）の『アビダルマ・コーシャ』を取り上げ、仏教思想の哲学的側面を捉えなおす。

仏教の思想 3
空の論理〈中観〉
梶山雄一
上山春平

『中論』において「あらゆる存在は空である」と説き、論理全体を究極的に否定して根源に潜む神秘主義を肯定したナーガールジュナ（龍樹）。インド大乗仏教思想の源泉のひとつ、中観派の思想の核心を読み解く。

仏教の思想 4
認識と超越〈唯識〉
服部正明
上山春平

アサンガ（無着）やヴァスバンドゥ（世親）によって体系化の緒につき、日本仏教の出発点ともなった「唯識」。仏教思想のもっとも成熟した姿とされ、ヨーガとも深い関わりをもつ唯識思想の本質を浮き彫りにする。

仏教の思想 5
絶対の真理〈天台〉
田村芳朗
梅原猛

六世紀中国における仏教哲学の頂点、天台教学。法然・道元・日蓮・親鸞など鎌倉仏教の創始者たちは、最澄が開宗した日本天台に発する。豊かな宇宙観を湛える、天台教学の哲理と日本の天台本覚思想を解明する。

角川ソフィア文庫ベストセラー

仏教の思想 6
無限の世界観〈華厳〉

鎌田茂雄
上山春平

律令国家をめざす飛鳥・奈良時代の日本に影響を与えた華厳宗の思想とは？　大乗仏教最大巨篇の一つ『華厳経』に基づき、唐代の中国で開花した華厳宗の複雑な教義をやさしく解説。その現代的意義を考察する。

仏教の思想 7
無の探求〈中国禅〉

柳田聖山
梅原猛

『臨済録』などの禅語録が伝える「自由な仏性」を輝かせる偉大な個性の記録を精読。「絶対無の論理」や「禅問答」的な難解な解釈を排し、「安楽に生きる知恵」という観点で禅思想の斬新な読解を展開する。

仏教の思想 8
不安と欣求〈中国浄土〉

塚本善隆
梅原猛

日本の浄土思想の源、中国浄土教。法然、親鸞の魂を震撼し、日本に浄土教宗派を誕生させた善導の魅力、そして中国浄土教の基礎を創った曇鸞のユートピア構想とは？　浄土思想がもつ人間存在への洞察を考察。

仏教の思想 9
生命の海〈空海〉

宮坂宥勝
梅原猛

「弘法さん」「お大師さん」と愛称され、親しまれる弘法大師、空海。生命を力強く肯定した日本を代表する宗教家の生涯と思想を見直し、真言密教の「生命の思想」「森の思想」「曼荼羅の思想」の真価を現代に問う。

仏教の思想 10
絶望と歓喜〈親鸞〉

増谷文雄
梅原猛

親鸞思想の核心とは何か？『歎異抄』と「悪人正機説」にのみ依拠する親鸞像を排し、主著『教行信証』を軸に、親鸞が挫折と絶望の九〇年の生涯で創造した「生の浄土教」、そして「歓喜の信仰」を捉えなおす。

角川ソフィア文庫ベストセラー

仏教の思想　11
古仏のまねび〈道元〉

高崎直道
梅原　猛

日本の仏教史上、稀にみる偉大な思想体系を残した禅僧、道元。その思想が余すところなく展開された正伝仏法の宝蔵『正法眼蔵』を、仏教思想全体の中で解明。大乗仏教思想の集大成者としての道元像を提示する。

仏教の思想　12
永遠のいのち〈日蓮〉

紀野一義
梅原　猛

「古代仏教へ帰れ」と価値の復興をとなえた日蓮。永遠のいのちを説く「久遠実成」、宮沢賢治に数多の童話を書かせた「山川草木悉皆成仏」の思想など、日蓮の生命論と自然観が持つ現代的な意義を解き明かす。

空海「三《さん》教《ごう》指《しい》帰《き》」
ビギナーズ　日本の思想

空　海
訳／加藤純隆・加藤精一

日本に真言密教をもたらした空海が、渡唐前の青年時代に著した名著。放蕩息子に儒者・道士・仏教者がそれぞれ説得を試みるという設定で各宗教の優劣を論じ、仏教こそが最高の道であると導く情熱の書。

空海「秘《ひ》蔵《ぞう》宝《ほう》鑰《やく》」
こころの底を知る手引き
ビギナーズ　日本の思想

空　海
訳／加藤純隆・加藤精一

『三教指帰』で仏教の思想が最高であると宣言した空海は、多様化する仏教の中での最高のものを、心の発達段階として究明する。思想家空海の真髄を示す、集大成の名著。詳しい訳文でその醍醐味を味わう。

空海「般《はん》若《にゃ》心《しん》経《ぎょう》秘《ひ》鍵《けん》」
ビギナーズ　日本の思想

空　海
編／加藤精一

宗派や時代を超えて愛誦される「般若心経」。人々の幸せを願い続けた空海は、最晩年にその本質を〈こころ〉で読み解き、後世への希望として記した。名言や逸話とともに、空海思想の集大成をわかりやすく読む。

角川ソフィア文庫ベストセラー

ビギナーズ　日本の思想
空海「即身成仏義」「声字実相義」「吽字義」
空　海
編／加藤精一

大日如来はどのような仏身なのかを説く「即身成仏義」。言語や文章は全て大日如来の活動とする「声字実相義」。あらゆる価値の共通の原点は大日如来とする「吽字義」。真言密教を理解する上で必読の三部作。

ビギナーズ　日本の思想
空海「弁顕密二教論《べんけんみつにきょうろん》」
空　海
加藤精一＝訳

空海の中心的教義を密教、他の一切の教えを顕教として、二つの教えの違いと密教の独自性を理論的に明らかにした迫真の書。唐から戻って間もない頃の若き空海の情熱が伝わる名著をわかりやすい口語訳で読む。

ビギナーズ　日本の思想
空海「性霊集」抄
空　海
加藤精一＝訳

空海の人柄がにじみ出る詩や碑文、書簡などを弟子の真済がまとめた性霊集全１１２編のうち、30編を抄出。書き下し文と現代語訳、解説を加える。空海の一人の僧としての矜持を理解するのに最適の書。

図解　曼荼羅入門
小峰彌彦

空海の伝えた密教の教えを視覚的に表現する曼荼羅。大画面にひしめきあう一八〇〇体の仏と荘厳の色彩には、いかなる真理が刻み込まれているのか。豊富な図版と絵解きから、仏の世界観を体感できる決定版。

ビギナーズ　日本の思想
日蓮「立正安国論」「開目抄」
日　蓮
編／小松邦彰

蒙古襲来を予見し国難回避を論じた「立正安国論」、柱となり眼目となり大船となって日本を救おうと宣言する「開目抄」。混迷する日本を救済しようとした日蓮が、強烈な信念で書き上げた二大代表作。

角川ソフィア文庫ベストセラー

ビギナーズ 日本の思想
道元「典座教訓《てんぞきょうくん》」
禅の食事と心
道　元
訳・解説／藤井宗哲

食と仏道を同じレベルで語った『典座教訓』を、建長寺をはじめ、長く禅寺の典座（てんぞ／禅寺の食事係）を勤めた訳者自らの体験をもとに読み解く。禅の精神を日常の言葉で語り、禅の核心に迫る名著に肉迫。

白隠
禅画の世界
芳澤勝弘

独特の禅画で国際的な注目を集める江戸時代の名僧、白隠。その絵筆には、観る者を引き込む巧みな仕掛けと、言葉に表せない禅の真理が込められている。作品図版の分析から時空を超えた叡智をよみとく決定版。

無心ということ
鈴木大拙

無心こそ東洋精神文化の軸と捉える鈴木大拙が、仏教生活の体験を通して禅・浄土教・日本や中国の思想へと考察の輪を広げる。禅浄一致の思想を巧みに展開、宗教的考えの本質をあざやかに解き明かしていく。

新版 禅とは何か
鈴木大拙

宗教とは何か。仏教とは何か。そして禅とは何か。自身の経験を通して読者を禅に向き合わせながら、この究極の問いを解きほぐす名著。初心者、修行者を問わず、人々を本格的な禅の世界へと誘う最良の入門書。

日本的霊性 完全版
鈴木大拙

精神の根底には霊性（宗教意識）がある——。念仏や禅の本質を生活と結びつけ、法然、親鸞、そして鎌倉時代の禅宗に、真に日本人らしい宗教的な本質を見出す。日本人がもつべき心の支柱を熱く記した代表作。

角川ソフィア文庫ベストセラー

仏教の大意
鈴木大拙

昭和天皇・皇后両陛下に行った講義を基に、キリスト教的概念や華厳仏教など独自の視点を交え、困難な時代を生きる実践学としての仏教、霊性論の本質を説く。『日本的霊性』と対をなす名著。解説・若松英輔

東洋的な見方
鈴木大拙

英米の大学で教鞭を執り、帰国後に執筆された、大拙自ら「自分が到着した思想を代表する」という論文十四編全てを掲載。東洋的な考え方を「世界の至宝」と語る、大拙思想の集大成！　解説・中村元／安藤礼二

最澄と空海
日本仏教思想の誕生

立川武蔵

日本仏教千年の礎を築いた最澄と、力強い思考から密教の世界観を樹立した空海。アニミズムや山岳信仰の豊穣をとりこみ、インドや中国とも異なる「日本型仏教」を創造した二人の巨人、その思想と生涯に迫る。

ブッダが考えたこと
仏教のはじまりを読む

宮元啓一

仏教の開祖ゴータマは「真理」として何を悟り、〈ブッダ＝目覚めた人〉となりえたのか。そして最初期の仏教はいかに生まれたのか。従来の仏教学が見落としてきた、その哲学的独創性へと分け入る刺激的論考。

わかる仏教史
宮元啓一

上座部か大乗か、出家か在家か、実在論か唯名論か、顕教か密教か――。ひとくちに仏教といっても、その内実はさまざま。インドから中国、日本へ、国と時代を超えて展開する歴史を徹底整理した仏教入門。